KB155467

전진숙 희망의 증거

_____ 님께

전진숙 드림

전가족 희망의 증거

전진숙 희망의 증거

초판 1쇄 인쇄일 2019년 11월 29일
초판 1쇄 발행일 2019년 12월 8일

지은이 전진숙
펴낸곳 도서출판 유심
펴낸이 구정남·이헌건
마케팅 최진태

주소 서울 은평구 통일로 684 서울혁신파크 미래청 303B(녹번동)
전화 02.832.9395
팩스 02.6007.1725
URL www.bookusim.co.kr
등록 제2017-000077호(2014.7.8)

ISBN 979-11-87132-43-1 03340
값   15,000원

전진숙
희망의 증거

글 전진숙

도서출판 유심

전진숙은
젊은 광주다

대학 시절 학생운동을 할 때부터 최근 청와대 행정관으로 일할 때까지 저는 늘 도전하는 사람이었습니다. 아무도 가지 않은 곳을 힘들게 걸었고, 걸어간 곳에서는 반드시 무엇인가를 얻었습니다. 때로는 힘들었고 외로웠지만 무엇인가를 얻어내기 위해서는 도전해야 한다는 평범한 진리를 마음속에 새기며 뚜벅뚜벅 걸어왔습니다.

저는 늘 일하는 사람이었습니다. 지자체에서 의정활동을 하면서 시민들의 삶을 향상시키고 시민들의 불편을 덜어줄 수 있는 많은 조례들을 입법했습니다. 전국 최초, 전국 유일의 조례를 가장 많이 만든 지방의회 의원 중 한 사람이었습니다. 제가 충실히 의정활동을 해 나갈 수 있었던 힘은 평범한 우리 사회의 작은 이웃들이었습니다.

목수인 아버지와 생선장사였던 어머니의 딸로 자라며 그들의 눈물을 보아왔습니다. 그분들의 삶 덕분에 저는 언제나 우리 사회에서 가장 낮은 곳, 가장 소외된 곳을 먼저 볼 수 있는 마음의 눈을 갖게 되었습니다. 지방의회에서의 의정생활 내내 저의 화두 역시 여성과 아동, 청소년, 저소득층 사람 등 사회적 약자들의 삶이었습니다.

투철한 원칙과 강한 소신으로 '전다르크'라는 별명으로 불릴 만큼 강한 추진력을 가진 사람이지만 때로는 인간적인 고뇌로 힘들어하는 한 사람이었습니다. 상처받고 부서지면서도 일어서고 또 나아갈 수 있었던 것은 시민들의 응원과 격려 덕분이었습니다.

신념 없는 정치, 철학이 없는 정치는 캄캄한 밤바다에서 표류하는 항해와 같습니다. 세상의 을(乙)들과 흙수저들도 행복하게 사는 세상, 그들 땀방울의 가치를 존중하고 위로하는 세상을 만들기 위해, 여성과 사회적 약자들이 차별당하지 않는 평등공동체를 만들기 위해 저에게는 아직도 갈 길이 많이 남아 있습니다.

전진숙은 젊은 광주입니다. 젊음과 생동감, 따뜻함과 설렘이 없는 정치가 이어진다면 광주는 사라지고 말 것입니다. 촛불 시민과 연대해 자신의 기득권을 유지하려고 하는 지방의 적폐세력을 정치권에서 일소하고 광주 정치의 존재감을 키우는 정치혁신을 이루겠습니다.

이 책은 평범하면서도 인간적인 고뇌로 힘겨워하는 '인간 전진숙'과 시민들의 삶을 개선하기 위해 싸워온 '투사 전진숙'의 기록입니다. 시민을 위해 싸우고 시민의 눈물을 닦아줄 수 있는 전진숙이 되겠습니다.

2019 12월 전 진 숙

최선의 페미니즘을 실천한 사람

한동안 '생활정치'라는 말이 유행했던 적이 있다. 사실 생활 정치는 동어반복이다. 삶의 매 순간이 관계의 연속이고, 모든 관계가 정치이기 때문이다. 그런 의미에서 정치야말로 '페미니스트가 싸울 자리'다. 1990년대 후반에서 2000년대 중반까지 치열했던 여성운동을 나는 경상도에서, 그는 광주에서 활동했다. 그가 2010년 지방의회로 진출하면서 제도권 정치인이 되어 이전만큼 여성운동권과 한몸처럼 활동하기는 어려웠지만, 지방정치 현장에서 할 수 있는 최선의 페미니즘을 실천한 사람이었다. 어떤 경우든 첫발을 옮기는 것은 두렵고 어려운 일이다. 그런데 전진숙은 소신을 가진 분야에 뚝심 있게, 치밀하게, 거침없이 발을 딛는다.

김희경(한국성인지예산네트워크 상임대표)

세상을 행복하게 정의롭게 바꾸어 갈 사람

20년 전 갓 서른이 넘은 전진숙과 인연이 시작되었다. 한창 멋지고 풍족하고 화려한 미래를 꿈꿀 나이. 그러나 내가 본 전진숙은 개인의 안락함과 풍요로움보다 내가 살고 있는 세상 그리고 우리 아이들이 살아갈 세상을 행복하게 정의롭게 바꾸어 가는 일에 온 마음과 시간과 노력을 쏟아붓는 사람이었다. 속으로 의아하고 놀라고 감탄했다. 그래서 그가 정치의 길로 가고자 했을 때 적극 찬성했다. 사회변혁에 대한 열정과 의지뿐만 아니라 풍부한 사회단체 활동 경험까지 갖추고 있었기 때문이다. 그래서 전진숙이 가고자 하는 길을 늘 응원한다.

정인경(전 광주여성민우회 대표)

앞장서서 길을 만드는 사람

　내가 아는 전진숙은 선배들도 그의 말이면 '고분고분' 따르게 하는 일 잘하는 준비된 후배였다. 전진숙을 한마디로 말하자면 '청출어람'이다. 늘 앞장서서 길을 만들고 그 길을 묵묵히 걸어간다. 전국 최초의 조례가 몇 개나 있을 정도로 의정활동도 좋은 평가를 받고 있다. 그동안 자신이 정성껏 닦아놓은 길 위에 다시, 여성 정치라는 새 길을 개척하러 어려운 여정을 떠날 준비를 하고 있다. 여성들의 진정한 대변인이 되길 마음 모아 응원한다.

전영원(광주광역시 동구의회 의원)

청소년을 현재의 주인공으로 바라보는 정치인

그는 '좋은 결과를 만들어 내기 위해선 과정이 좋아야 한다'를 실천하는 정치인으로 느껴졌다. 조금 더디고 힘들지만 충실히 과정을 밟아 나가고, 여러 사람을 만나는 수고로움을 마다하지 않는 모습을 일상적으로 발견할 수 있었다. 전진숙은 작은 목소리에도 귀 기울일 줄 알고, 다른 사람의 의견을 들어주는 것이 아니라 듣기 위해 노력하는 정치인이다. 청소년을 미래의 주인공으로 바라보지 않고 미래를 준비하는 현재의 주인공으로 바라보는 정치인이다.

임동헌(광주 전자공업고등학교 교사)

일을 만들고 일이 되게 하는 사람

무슨 일이든 언니와 함께하면 재밌고 든든했다. 민우회에서 일할 당시 우리는 모두 20대였고 옆에는 늘 졸래졸래 아이들이 붙어 있었다. 사무실에 놀이방을 만들자고 제안한 사람도 언니였고, 활동가들과 회원들이 일하는 동안 아이들은 거기서 놀거나 자곤 했다. 사무실 이전 비용이 부족했을 때도 단체 활동의 안정성과 지속성을 강조하며 주변 사람을 설득해 출자금을 모았다. 사무실이 생겼고, 시간이 지나 약속한 대로 우리는 출자금을 모두 상환했다. 전진숙은 일을 만들고 일이 되게 하는 사람이다. 언니와 함께 일할 수 있었던 건 행운이었다. 이제 정치가 되게 하러 나선다. 지금보다 훨씬 더 힘들고 바쁘게 살 것이다. 덕분에 우리는 정치가 멋지고 내 삶을 보듬어주는 듬직한 일이라는 걸 새삼 알게 될지도 모르겠다.

백희정(전 광주전남여성단체연합 대표)

미래 광주를 만들 수 있는 사람

나는 꿈꾼다. 99% 약자들의 세상을 꿈꾼다. 그 약자들이 '시민'의 이름을 갖고 세상에 자기 존재를 드러내는 시간을 꿈꾼다. 시민으로서 약자가 어떤 힘을 갖고 있는지, 그 힘으로 각자 삶의 무대를 얼마만큼 충만하게 끌고 나갈 수 있는지, 그래서 개인의 이름값을 스스로 만들고 증명받을 수 있는지, 그것이 가능한 세상을 꿈꾼다.

청년에게는 열정이, 노인에게는 지혜가, 장애인에게는 각자의 생존력이, 부모에게는 천금 같은 사랑이, 탈학교 청소년에게는 여전한 배움의 열망이, 국제이주민에게는 공동체 구성원의 권리가, 지방민에게는 분권 주체의 역량이 있음을 증명받을 수 있는 세상. 그런 세상을 꿈꾼다. 시민의 이름으로, 그런 미래 광주를 꿈꾼다. 전진숙은 그런 미래 광주를 만들 수 있는 사람이다.

정경운(전남대학교 교수)

Part 1
첫눈의 마음

Part 2
다시, 시민 속으로

Chapter 2 환경

누구나 살고 싶은
녹색 환경도시를 꿈꾸다

전진숙은
일이 되도록 만드는 사람이다.

Part **1**   첫눈의 마음

Chapter **1**

학생에서
시민으로

첫눈을 싫어했던 소녀

인생에서 가장 추웠던 겨울

"엄마가… 엄마가… 암이란다야."

전화기 너머로 오빠의 울먹이는 목소리가 들렸다. 순간 머릿속이 하얘지면서 아무 생각도 나지 않았다. 2018년 겨울, 청와대 시민사회수석실 행정관으로 새로운 도전을 위해 서울에 올라온 지 꼭 3일째 되는 날이었다.

그해 겨울은 무척 추웠다. 아마 내 오십 인생에서 가장 추운

겨울이었을 것이다. 낯선 곳에서 낯선 일을 시작하는 마음 때문이었는지, 아니면 평생 딸을 위해 헌신해온 어머니에 대한 미안한 마음 때문이었는지 모르겠다.

엄마는 서울로 올라와서 각종 검사를 받더니 결국 대장암 3기라는 진단을 받았다. 엄마가 죽으면 어쩌나. 온 가족이 엄마에 대한 걱정을 하느라 정신이 하나도 없었다.

"괜찮아야, 이겨낼 수 있다니께. 걱정 말어."

엄마는 대장암 수술을 위해 수술대에 올랐다. 온 가족이 기도하고 또 기도하면서 엄마의 회복을 간절히 기원했다. 그런 간절한 마음이 하늘에 닿았을까. 모두의 바람대로 엄마의 수술은 무사히 잘 끝났다. 수술을 마치고 난 후 병상에 누워 있는 엄마를 보면서 두 손을 꼭 잡아주었다. 손을 잡는 그 순간 엄마의 얼굴에 말할 수 없는 외로움이 스쳐 지나갔다.

그 순간 엄마는 무슨 생각을 하고 있었을까. 엄마는 인생을 다시 살게 되었다면서 조용히 눈물을 흘리셨다. 가족들을 위해 평생을 헌신해온 엄마, 자신을 위해서 아무것도 갖지 않고 모두 다 내주며 살았던 엄마. 그렇게 평생을 살아온 엄마의 삶에 남겨진 것이 무겁고 차가운 암 덩어리뿐이었다니….

빨갛게 터진 손등 위로 내리는 눈

엄마는 노점에서 생선장사를 하면서 우리 오남매를 키우셨
다. 목수로 일하시던 아버지가 일을 그만두고 나신 뒤 홀로 온전
히 가계를 책임져야 했던 엄마의 어깨는 더 무거워졌다.

시장 상인으로서의 삶이 힘들고 고됐을 텐데 자식들에게는

조금도 내색을 하지 않았다. 행여나 엄마 팔자를 닮아서 고생할까봐 일도 시키지 않았다. 오남매는 아침마다 학교에 가기 전 엄마 앞에 줄을 섰다. 등록금에서부터 물감이나 크레용, 도화지 등 준비물 살 돈, 차비, 용돈 등을 차례로 내주다 보면 마지막 차례까지 엄마의 지갑은 버티지 못했다.

그렇게 새벽 일찍부터 찬바람을 맞으며 열심히 살았지만 삶은 좀처럼 나아지지 않았다. 일수 도장을 부지런히 찍지 않으면 하루 벌어서 하루 먹는 삶조차 쉽게 돌아갈 수 없었다.

'엄마 손이 또 꽁꽁 얼겠네.'

엄마의 고생이 눈으로 보이는 때는 겨울이었다. 겨울이면 얼음과 물에 젖은 생선을 만지느라 엄마의 손은 꽁꽁 얼어붙었고 손등이 빨갛게 트다가 피를 내면서 터지기도 했다.

첫눈이 하얗게 내릴 때 즈음이면 엄마의 손등은 더 빨개졌다. 하얀 눈과 대조되는 엄마의 빨간 손. 그래서 나는 첫눈이 무척 싫었다.

엄마는 자신을 위한 삶을 하루도 살아본 적이 없다. 좋은 것이 있으면 항상 자식들부터 챙겼고 예쁜 것이 있으면 딸부터 입혔다. 남광주시장에 새벽 장을 보러 가서 궤짝으로 생선을 사오면 항상 가장 좋은 것을 우리에게 먹였다. 장사를 하다가 안 팔리고 남은 생선이 아니라 통통하게 살이 오른 좋은 생선을 늘 우리에게 먹였다. 덕분에 우리 자식들은 그 어려운 상황에서도 생선 귀한 줄 모르고 자랐다.

엄마가 장사를 그만둔 지도 벌써 15~16년 정도가 되어 가는 것 같다. 이제는 고생하던 어린 시절의 기억들을 담담하게 받아들일 수 있는 나이가 됐지만 첫눈이 내리는 모습을 보면 아직도 손등이 간질거린다.

내 인생의 뿌리, 학생운동

입학 한 달 만에 '깜짝 스타' 등극

6월항쟁과 함께 민주화운동이 뜨겁게 불타올랐던 1987년, 나는 고등학교 3학년이었다. 고등학교 때부터 나의 생각은 확고했다. 대학생 정도의 젊은 청년이라면 우리 사회가 정의롭게 바로서는 것에 대해서 책임감을 가져야 한다고 생각했다. 그리고 그 방법이 '학생운동'이라면 그것을 피할 생각이 없었다.

대학에 입학하자마자 나는 학생운동을 할 만한 동아리를 찾아다녔다. 신입생이라면 보통 선배들의 설득이나 이끌림에 따라 동아리에 가입하는 경우가 많은데 나는 스스로 운동권 동아리들을 찾아다녔고 자연스럽게 운동권 학생이 되었다. 고등학교 시절부터 고민했던 사회의 정의를 위해 싸우는 진정한 대학생이 된 것이다. 하지만 내가 꿈꾸고 기대했던 것과 달리 운동권 학생으로서의 대학 생활은 생각만큼 순탄하지 않았다.

동아리에 가입하고 한 달이 지난 3월 말, 동아리 방에서 독서토론을 하고 있는 와중에 갑자기 경찰이 들이닥치는 임청난 '사건'이 눈앞에서 벌어졌다. 우리 신입생들과 함께 독서토론을 하던 선배들이 경찰들에 의해 연행되어 경찰서로 끌려가는 일이 발생한 것이었다.

그런 모습을 보고 학생들이 가만히 있을 리 없었다. 바로 다음 날 교내에서는 학교에 침투한 경찰에 대한 대대적인 규탄 집회가 열렸다. 집회의 분위기는 어느 때보다 뜨거웠고 그 자리에 서 있는 내 심장도 쿵쾅대기 시작했다.

이제 학교에 들어온 지 한 달밖에 되지 않은 신입생인 내게도 마이크와 함께 발언 기회가 주어졌다. 치렁치렁한 치마에 뾰족 구두를 신은 여자 신입생. 그런 내 모습은 청바지에 운동화를 신고, 가열찬 목소리로 사자후를 토하는 다른 학생들과는 한눈에 봐도 많이 달라 보였다.

그러나 나는 조금도 머뭇거리지 않고 당돌하게 무대에 올라 열변을 토하며 폭력적인 공권력을 성토했다. 그날 내가 무슨 말을 했는지 정확히 기억이 나지 않는다. 하지만 그 일로 인해 나는 학교에서 졸지에 '깜짝 스타'가 됐다. 그 사건으로 나의 남은 대학생활은 이미 결정된 것이나 다름없었다.

잔인했던 4월, 데모를 포기하다

동아리에 가입했다고 해도 바로 교내외에서 열리는 각종 집회에 적극적으로 참여했던 것은 아니었다. 나는 새로운 일을 할 때 자세히 알아보고 난 뒤에야 천천히 나서는 스타일이다. 데모도 마찬가지였다. 선배들에게는 미리 내 의사를 정확하게 알렸다. 우선 공부부터 하고 그것이 이해가 되면 스스로 집회에 나가겠다고 말했다.

유인물을 들고 선배들을 쫓아다니며 모르는 것을 묻고 또 물었다. 6.29 선언의 내용이 무엇인지, 잘 모르는 것은 줄을 쳐가면서 공부했다.

그렇게 해서 처음 나갔던 4월 19일의 집회는 악몽과도 같은 기억을 내게 남겨주었다. 전남대와 북구청을 사이에 두고 담 너머로 최루탄과 화염병, 돌멩이가 서로 날아다니며 학생과 전경들이 치열하게 대립하던 그날의 모습은 전쟁터나 다름 없었다.

학생들은 전경들이 쏜 최루탄에 눈, 코, 입을 감싸며 고통스러워했고 담 너머 전경 한 명은 학생이 던진 화염병에 맞아 몸에 불이 붙었다. 아비규환이었다.

젊은 사람들끼리 서로의 몸을 해쳐가면서 싸우는 모습을 보면서 내 마음은 크게 흔들렸다. 내가 하고 싶었던 일, 가고 싶었던 길이 이런 것이었을까? 나는 커다란 실망과 충격 속에서 말없이 시위대에서 빠져나왔다. 그리고 앞으로 이런 시위에는 더 이상 참가하지 않겠다고 굳게 마음먹었다. 아무리 사회변화를 원한다고 해도 사람을 다치게 하는 것은 아니라고 생각했다. 무섭고도 잔인한 4월이었다.

많은 선배들과 동기들이 찾아와서 다시 동아리 방으로 나오라며 설득했지만 나는 요지부동 꼼짝도 하지 않았다. 공부를 더해보고 정말 사회가 틀렸다고 생각하면 그때 뭘 해도 하겠다며 한 발 뒤로 물러앉았다. 그런 일이 있은 지 몇 주가 지난 후 함께 동아리 활동을 했던 친구가 나를 찾아왔다.

"진숙아, 운동하면서 공부를 하면 되잖아. 직접 실천을 하면서 해석 못하는 부분에 대해서 공부를 하면 안 되겠니?"

입학 동기인 동아리 친구는 나를 계속 설득했다. 그냥 무작정 다시 나오라는 것도 아니었다. 운동을 하면서 공부를 해보라는 집요한 설득에 나는 마음을 바꾸고 3주 만에 다시 동아리 방으로 나왔다.

뜨거운 가슴으로 써 내려간 선전문

대학 시절 동아리 활동을 하면서 내가 주로 맡았던 임무는 선전과 홍보였다. 선전문을 쓰는 일은 어렵지 않았다. 도서관에서 하루 공부하고 하루 글을 쓰고, 하루 인쇄소에 가서 유인물을 찍어내면 끝이었다.

대학생활 내내 참으로 많은 유인물을 써냈다. 얼마나 많이 썼던지 나중에는 글을 쓰는 일이라면 일기 한 줄도 쓰기 싫어질 정도였다.

사람들의 마음을 움직이는 선동적인 선전물들도 곧잘 썼다.

내 자신이 감정이 뜨거운 사람이라 그 감정을 그대로 담아서 쓰면 됐다. 1991년 강경대 열사를 시작으로 박승희 열사 등 11명의 열사들이 목숨을 던졌던 분신 정국에서도 모든 유인물들이 내 손에서 나왔다. 특히 후배이기도 했던 박승희 열사의 죽음 앞에선 복받치는 감정 때문에 절제하기 어려웠고 너무나 고통스러웠던 기억이 있다.

나는 매일 매일 뜨거운 가슴을 글로 써 내려갔다. 그렇게 만들어진 유인물들은 글이 아니라 곧 내 마음이었다. 아마 그 문구들을 손으로 만졌다면 화상을 입을 정도로 뜨거웠으리라.

학생운동의 끝에 서다

대학생활 내내 운동만 하고 공부를 제대로 하지 못했는데 어느새 시간이 흘러 졸업반이 되었다. 그나마 4년 만에 바로 졸업을 할 수 있게 된 것이 다행이라면 다행이었다. 함께 운동했던 친구들 중에서는 극히 드문 케이스였다.

졸업식 날 나는 한복을 예쁘게 차려 입고 아버지에게 큰절을 올리며 한 가지 부탁을 드렸다.

"아버지, 저를 이렇게 키워주셔서 감사합니다. 그런데 딱 1년만 시간을 주세요. 학교에서 아직 못다 한 일이 있습니다."

대학생활 내내 학생운동에 몰두했지만 아직 못다 한 일들이 남아 있었다. 나는 대학을 졸업하고 광주전남지역총학생회연합인 남총련에 들어가 1년을 보냈다. 남총련은 속칭 대학교 5학년이라고 불렸다. 운동권 학생들이 졸업 후 1~2년씩 더 활동을 하면서 앞으로의 사회 활동에 대한 고민을 하는 자리이기도 했기 때문이다.

아버지에게는 어차피 일찍 졸업한다고 해도 곧바로 취직하기는 어려울 것이라는 핑계를 대고 1년의 시간을 얻었다.

학생운동은 내 삶의 뿌리이자 내 인생의 모든 것을 가르쳐 준 학교와도 같은 존재였다. 그런 학교를 일찍 떠나고 싶지 않았던 것 같다. 나는 1년여의 남총련 활동을 끝으로 학생운동을 완전히 마무리하고 사회로 나섰다.

학생운동의 틀을 벗어나서 사회운동으로 첫발을 내딛은 곳은 민주주의민족통일광주전남연합이었다. 이곳에서도 역시 선전부장으로 일했다. 당시 학교에서 학생운동을 끝낸 친구들은 노동운동, 농민운동, 재야운동, 민족민주운동 등 자신이 뜻하는 분야로 나아가 사회운동을 지속하곤 했다. 연합활동은 학생운동 이후 나 자신에 대한 모색의 시간이기도 했다.

새로운 시작은 누구에게나 설레고 가슴 뛰는 일이다. 대학이라는 안정된 테두리를 벗어나 사회로 나왔으니 두렵기도 하고 흥분되기도 했다. 그럼에도 불구하고 다른 사람들처럼 '이제 대학을 졸업하고 사회에 나왔으니 뭘 해서 먹고 살까' 하는 생각은 거의 해보지 않았다.

내 관심사는 언제나 '어떻게 살 것인가'였다. 사회를 바꾸는 데 어떤 역할을 할 것인가가 중심이었다. 아마 무엇을 먹고 살 것인가를 먼저 고민했다면 버티지도 견디지도 못했을 것이다.

연합활동 당시에는 월 15만 원 정도의 교통비를 한두 달 받아 본 것이 수입의 전부였다. 하지만 시간이 흐르고 나이를 먹어가면서 언제나 내 삶이 정지해 있지 않다는 것을 느꼈다. 나에게도 내 삶이 있고 그 삶을 무작정 유예시킬 수 없다는 것도 알았다. 그 즈음 결혼을 하면서 새로운 삶이 시작되었다. 또 다른 삶을 모색하기 위해 연합활동도 정리했다.

여성의 눈으로 여성을 보다

서른 살, 여성단체 대표를 맡다

결혼을 하면서 개인의 삶이라는 새로운 인생이 펼쳐졌지만 사회운동을 계속하고 싶은 열망은 좀처럼 가시지 않았다. 어린 시절부터 뼛속 깊이 새겨진 운동의 유전자가 나를 쉽게 놓아주지 않았던 모양이다. 그렇다고 농민운동이나 노동운동에 투신하는 것은 마음이 끌리지 않았다. 그러다가 떠올린 것이 여성운동이었다.

'내가 여성이니 내 문제를 가지고 싸운다면 끝까지 운동을 할 수 있겠다.'

좋아하고 잘하는 일을 하면 오래 할 수 있다. 내 문제를 스스로 풀어보겠다는 마음으로 운동을 하면 오랫동안 할 수 있을 것 같았다. 당시 광주에는 새누리주부회와 광주전남여성회라는 조직이 있었지만 두 조직 모두 활동이 왕성하거나 큰 영향력을 갖지 못한 상태였다.

이 분야에 뛰어들어서 막상 해보니 금방 한계가 보였다. 지역의 여성운동이 근본적으로 가질 수밖에 없는 한계였다. 학교를 졸업하고 열심히 운동을 하다가 활동을 좀 할 만하면 결혼하고 출산한다고 들락날락하기 일쑤였다.

그러다 보니 연속성이 떨어지고 조직의 확장성에도 한계가 있었다. 돌고 도는 쳇바퀴처럼 앞으로 나가지 못하고 그 자리에서만 끊임없이 맴돌고 있었다.

이와 같은 개별조직으로 여성운동을 이끌어 나가는 것은 역부족이었다. 그런 고민 끝에 광주 여성계의 뜻을 모아서 새로운 도전에 나서기로 했다 기존의 두 조직을 통합해서 광주를 대표

할 여성조직으로 키워보자는 계획이었다. 그 결과 광주여성회가 만들어졌다.

나는 두 조직을 통합하는 데 일조하면서 총무부장과 조직부장 등을 맡았고 1999년에는 광주여성회 회장을 맡았다. 그때 내 나이 불과 서른이었다.

여성운동의 빅 이슈

당시 여성운동의 중요한 이슈는 안전하고 건강한 먹을거리에 대한 관심이었다. 나 역시 한창 이슈가 되었던 생협운동과 유기농식품에 대한 정보 제공 등에 관심을 갖고 활동했다. 또 다른 하나는 여성과 관련된 다양한 정책들을 모니터링해서 대안을 제시하거나 정책 제안을 하는 일이었다. 대학 시절부터 운동을 오래해온 덕분인지 정책을 모니터링하고 대안을 제시하고 새로운 제안을 만드는 일이 내게 잘 맞았다.

하지만 아무리 열심히 정책 모니터링을 하고 정책을 제안해도 잘 받아들여지지 않았다. 지역 여성조직의 한계였다. 그래도 당시 제안했던 다양한 여성 관련 정책 아이디어들이 작은 씨앗이 되어 훗날 구의원과 시의원을 할 때 현장에서 실제로 구현될 수 있었다는 것을 생각하면 결코 헛된 시간은 아니었다.

당시 활동 중에 기억에 남는 일은 광주여성회관을 여성발전센터로 바꾼 일이다. 여성회관의 경우 여성성을 강조하다 보니 '음식'과 같은 여성에게만 어울리는 콘텐츠들을 주로 다루고 있었는데 이것을 중성적인 시각에서 접근하면서 컴퓨터 전문기술 등을 익힐 수 있도록 제안했다. 그 덕분에 틀에 박힌 여성성에서 벗어나 여성의 역할과 위상을 높이는 데 일조했다고 생각한다. 나는 훗날 시의원을 할 때 여성발전센터를 일가정양립본부로 바꾸면서 한 단계 더 성장시켰다.

여성의 참여활동을 지원하기 위해 각종 위원회의 위원을 30퍼센트 이상 여성으로 채우도록 한 여성할당제도 이때 제안했던 정책들 가운데 하나다.

이외에도 나는 북구 구정지기단을 만들어 복지관 문제와 쓰레기 문제 등 생활 밀착형 과제들을 좀 더 가까이서 면밀하게 들여다보기도 했다.

자리 내려놓고 통합의 길로 나서다

광주여성회는 지역에서 나름 활발하게 활동했으나 더 많은 여성들과 만나는 데는 한계가 있었다. 전국적인 네트워크가 없다 보니 활동이 지역에 제한되어 있었고 정보력도 부족했다. 회원이 줄어들다 보니 재정도 악화되는 악순환이 이어졌다.

여성시민단체도 한 단계 더 발전할 필요성을 느꼈다. 2000년 광주여성회를 해산하고 전국 조직인 한국여성민우회의 광주지부 형태로 광주여성민우회를 새롭게 조직했다. 한국여성민우회와 강한 네트워크를 통해 더 많은 여성들과 함께할 수 있는 조직으로 전환시켜 나가야 된다는 생각이었다.

백의종군의 심정으로 그동안 맡고 있던 회장 자리도 내려놓았다. 외부에서 비상임 대표를 모셔오고 나는 사무처장 자리로 내려갔다. 여성운동의 대중적인 지평을 넓혀 나갈 수 있는 일이라면 무슨 일이든 할 수 있다고 생각했다.

기존에 해왔던 미디어 모니터링은 물론 여성정책과 여성 통일운동 등에서도 지속적으로 목소리를 냈고 가족 문제와 성 문제를 다루는 상담소도 만들었다.

광주여성민우회는 지역여성운동의 중심이자 각종 정책을 실천하는 조직으로서 정치세력화하는 것에 대해서도 긍정적인 입장을 취하고 있었다. 나는 이 조직에서 2007년에 공동대표를 맡았다.

하지만 내가 정치에 직접 나설 것인가에 대해서는 확신이 없었다. 한 차례 정치권에서 '러브콜'이 있긴 했지만 아직까지 할 일이 남았다는 이유로 거절했다.

"나에게는 아직도 잠들기 전에 가야 할 몇 마일이 남아 있다."(And miles to go before I sleep.)
- <눈 내리는 저녁 숲가에 서서>(Stopping By Woods On A Snowy Evening), 로버트 프루스트

이 시의 한 구절처럼 나에게는 아직 할 일이 남아 있었다.

마지막 숙제

그 숙제는 바로 지역의 목소리를 높이는 일이었다. 전국적으로 자치와 분권에 대한 관심이 높아지고 있었지만 여전히 여성계에서는 지방의 목소리가 중앙으로 전달되는 게 쉽지 않았다. 한국여성단체연합회를 비롯해서 여성민우회까지 여성단체의 대

표들이 모두 중앙 출신이다 보니 지역의 이야기가 제대로 반영되지 못하고 있다는 생각이 들었다.

나는 중앙조직의 공동대표 형식으로 대표 한 명은 지역대표로 세워줄 것을 2년여에 걸쳐 줄기차게 요구했다. 그것이 여성운동에서 내가 할 수 있는 마지막 과제라고 생각했다. 2007년 그 요구가 받아들여짐으로써 지역 대표가 여성계를 대표하는 공동대표로 자리에 올랐고 과거보다 지역 여성계에 대한 관심도 더 높아질 수 있게 됐다.

나도 이제 내 할 일은 충분히 했다는 생각이 들었다. 학교를 졸업하고 결혼을 하면서 10여 년 넘게 줄곧 관심을 가져왔던 여성문제에 대해서도 이제 '졸업'할 시간이 다가오고 있었다.

온전한 나를 만나는 시간

자연이 주는 치유

결혼과 함께 여성운동에 몸담은 지 10여 년, 조직을 통합시키고 서른 살의 젊은 나이에 회장까지 맡는 등 적극적으로 일했지만 어느샌가 몸도 마음도 지쳐 있었다. 여성단체에서 주최하는 커다란 행사를 잇달아 치르면서 몸이 망가져서 여기저기가 아파왔다. 그동안 쉼 없이 앞만 보고 달려온 내 삶도 삐걱대고 있었다.

평화운동을 하다 알게 된 대흥사 주지 몽산 스님과 나눴던 이야기가 생각났다.

"스님, 혹시 쉬고 싶을 때 가도 될까요?"
"네, 언제든지 오세요."

여름 초입에 들어선 7월 어느 날, 배낭 하나에 책 몇 권을 담아 넣고 대흥사로 향했다. 일단은 어디론가 떠나고 싶었다. 숲길을 따라 절을 향해 올라가는 길. 그날따라 비가 내렸다.

우산을 꺼내서 쓰자 투둑, 투둑 빗방울이 우산을 두드리는 소리가 났다. 그 경쾌한 빗방울 소리에 잠들었던 내 세포들이 깨어나는 것 같았다. 지금도 그 풍경과 빗소리가 귓가에 생생하게 남아 있다. 우산에 떨어지는 빗소리에 반해 지금도 비가 오면 가끔씩 절에 간다.

바쁘게 뛰어다니던 사회에서도 늘 만나는 비였지만 그 빗소리를 귀담아 들을 정도로 여유를 갖지 못했다. 사방이 고요해지자 사소한 것들이 하나 둘씩 깨어나기 시작했다. 처마 끝에서 떨어지는 물소리, 바람소리… 한 번도 경험해보지 못했던 소리들이 귓전에 와서 닿았다. 자연이 주는 치유의 시작이었다.

삶과 죽음에 대한 생각들

대흥사에 도착하자 스님께서 작은 방을 하나 내주셨다. 휴가를 내고 그곳에서 2주 정도 머물 생각이었다. 대흥사에서의 일과는 단순했다. 예불을 드리거나 청소를 하고 방에서 불교 관련 책을 읽는 게 전부였다.

새벽예불을 드리기 위해 새벽 3시 반경 일어나면 컴컴한 새벽 공기를 뚫고 퍼지는 타종 소리를 들을 수 있었다. 세상에서 처음 만나본 엄청난 소리이자, 놀라운 세계였다. 예불을 드리고 나오면서 만난, 대웅전 앞 큰 나무에서 불던 싸늘한 바람도 쉽게 잊히지 않는다. 고요하기도 하면서 무섭기도 한, 말로 표현할 수 없는 묘한 분위기가 있었다.

불교의 기본 원리를 써놓은 책을 보고는 쉽사리 잠을 잘 수가 없었다. 그동안 한 번도 생각해보지 않았던 삶과 죽음에 대한 이야기, 삶의 방향, 윤회 같은 이야기들이 적혀 있었다. 가끔씩 스님과 차담을 나누는 시간이 있었는데 그럴 때면 내가 누구인가를 끊임없이 생각하게 됐다. 불교에서 말하는 운명적인 철학에 대해 스님과 치열하게 논쟁을 벌이기도 했다.

"스님, 숙명이니 운명이니 그런 것이 어디 있습니까?"

세상을 바꾸기 위해서 치열하게 살아온 사회운동가 입장에서는 불교에서 말하는 운명이라는 것이 쉽게 받아들이기 어려운 이야기이기도 했다.

대흥사에서 보낸 2주의 시간은 지친 몸과 마음을 치유하는데 큰 도움을 주었다. 오랫동안 쌓여 있던 마음의 더께도 조금은 씻어낼 수 있었다. 그때는 잘 몰랐지만 내 안으로부터의 작은 변화들이 찾아오기 시작했다.

열흘 만에 끝난 정치 실험

정치권의 새로운 '피'

2007년 중반 민주당과 중도개혁통합신당이 합당, 통합민주
당이 탄생하면서 정치권에도 변화의 소용돌이가 몰아쳤다. 시민
사회도 정치세력화를 해야 한다는 시대의 흐름에 맞게 통합민주
당에 합류하기로 했다. 시민사회의 좋은 역량이 기존 정당에 수
혈되면 당을 바꾸고 정치를 바꿀 수 있을 것이라는 기대가 컸다.
당에 들어가 적극적인 역할을 할 수 있도록 몇몇 자리까지 요구
한 상태였다.

시민사회에서는 그 역할을 담당할 적임자를 선택하기 위해 머리를 맞댔다. 중간 지도자를 했던 선배들이 모여서 정치운동을 누가 할 것인가를 놓고 갑론을박한 끝에 그중 한 사람으로 내가 지목됐다.

"정치권에 들어가서도 초심을 잃지 않고 시민운동에서 배운 대로 잘할 수 있는 사람은 너밖에 없다."

대흥사에서 몸과 마음을 추스르고 난 후 나는 시민사회의 요청을 담담하게 받아들이기로 했다. 여성계에서는 이미 탈진할 정도로 모든 것을 쏟아 부었고 내 역할을 할 만큼 했다고 생각했기 때문에 내게도 새로운 도전과 동기부여가 필요한 시점이었다.

나는 정치 입문에 대한 제안을 받아들이고 우선 신변정리부터 했다. 학교 졸업 이후 15년 이상 해온 시민사회 활동을 깨끗이 정리했다. 후배들을 위해 내가 맡고 있던 자리를 내놓았다. 마치 새로운 직장을 찾아서 이직을 하듯이 모든 것을 정리하고 새로운 무대에 오를 준비를 했다.

거대한 벽 앞에서 급브레이크를 밟다

하지만 막상 들어가서 보니 시민사회의 기대와 달리 당 내에 우리가 요구했던 자리는 없었다. 그것은 아마추어 같은 우리의 희망사항일 뿐이었다. 체육관에서 열리는 대규모 전당대회에 참석해서 수많은 사람들이 엄청나게 내지르는 열광적인 구호를 들어도 아무런 감흥이 오지 않았다. 정치 무대는 시민사회와는 모든 면에서 결이 많이 달랐다.

나는 갑자기 급하게 달리다 큰 벽을 보고 급브레이크를 잡은 느낌이었다. 눈앞에 거대한 벽이 서 있었다. 앞으로 나갈 수도 없고 그렇다고 뒤로 돌아갈 수도 없는 상황이었다. 마치 사표를 쓰고 회사를 나왔는데 가기로 한 회사에서 받아들이지 않겠다고 한 것 같은 느낌이었다. 그렇다고 예전에 다니던 회사로 다시 돌아갈 수도 없는 노릇이었다.

그런 상황보다도 더 내 가슴을 답답하게 했던 것은 아무도 그러한 일에 대해서 책임을 지지 않는 모습이었다. 통합 논의가 흐지부지되자 통합을 주도했던 시민사회의 선배들은 마치 아무 일도 없었던 것처럼 제 갈 길을 갔다. 어떤 사람은 다른 기회를 찾아서 다른 정당으로 갔고 또 다른 선배는 원래 있던 시민사회의 자리로 돌아갔다. 다들 알아서 자기 자리를 찾았다. 나는 나아갈 곳도 돌아갈 곳도 없이 그대로 우두커니 서 있었다.

나는 모든 일을 정리하고 다시 당 밖으로 나왔다. 시민사회를 정리하고 정당으로 들어가려다 다시 멈추기까지 걸린 시간은 딱 열흘이었다. 이 열흘 사이에 내 삶은 완전히 뒤바뀌어 버렸다. 나는 정치도 운동도 다 그만해야겠다는 생각으로 장문의 편지를 써서 선배들에게 보냈다. 한 사람의 인생을 이렇게 앞도 뒤도 없게 만들어놓고도 전혀 책임지지 않는 실망스러운 모습을 신랄하게 비판했다. 그리고 한 마디를 남겼다.

"다시는 나 같은 사람을 만들지 않았으면 좋겠습니다."

편지를 보고 몇몇 선배는 눈물을 보이기도 했다. 조금 더 기다려보자고 다독이는 선배도 있었다. 그러나 아무 말도 귀에 들어오지 않았다.

삶이 송두리째 흔들리다

삶이 크게 휘청거려서 아무것도 할 수 없었다. 나도 없었고 가족도 보이지 않았다. 더구나 사회운동은 더 의미가 없었다. 조직은 나를 성장시켜주기보다 늘 나에게 무거운 책임만을 지워왔다는 생각이 들었다.

더 이상 운동이나 정치를 하고 싶지 않았다. 돌이켜보면 대학을 졸업한 이후 줄곧 시민사회에 몸을 담아왔다. 그동안 살면서 생계를 생각해보지 않았다. 10만 원, 15만 원의 최저생계비 수준의 돈을 받으면서도 즐거운 마음으로 시민사회운동을 한다며 열심히 쫓아다녔다. 그런데 돌아보니 다른 사람들은 목 좋은 데 집도 사고 좋은 차도 사고 그냥 보통 사람들처럼 잘 살아가고 있었다. 그런 모습에 기분이 나빴다기보다 이렇게 살아온 내 삶 전체가 부정당하는 기분이었다.

'나는 누구이고, 또 나는 어떻게 살아가야 하나.'

화두처럼 커다란 의문이 내 속을 채우기 시작했다.

우연과 필연 사이

불교 철학을 만나다

한 발도 나아갈 수 없는 벽에서 그나마 조금이라도 숨통을 틔워준 것은 뒤늦게 만난 불교 철학의 힘이었다.

도망치듯 열흘 만에 정치판을 떠나면서 대인기피증이 생겼다. 아무도 만나지 않고 하루 종일 집에 붙어 있었다. 식구들 밥을 해주고 나면 집 근처 공원 벤치에 멍 때리고 앉아 있다가 돌아와 불교 관련 책들을 봤다. 저녁에 가족들 밥 차려주고 나면 다시 먼산을 보다가, 책을 보다가 잠들곤 했다.

대학생이라면 모름지기 사회정의를 위해 몸을 바쳐야 한다는 야무진 마음을 먹었던 고등학교 시절부터 학생운동에 몰두했던 대학 시절, 시민사회에서 여성운동에 바쳤던 세월들. 20년 가까이 세상을 바꿔보겠다고 열심히 뛰었는데 같이 활동했던 사람들은 다 자기 것 챙기고 살건만 내게는 남은 게 아무것도 없었다. 절망만이 내 안을 가득 채웠다. 다시 대흥사로 갔다.

그동안 나를 지탱해온 삶이 무너져 내렸기 때문에 어떻게 해야 되겠다는 생각도 없었고 기댈 곳도 없었다. 어느새 대흥사가 내 마음의 고향이 되어 있었다. 힘들고 어려울 때면 대흥사로 갔다.

달라이라마를 찾아서

"달라이라마를 한번 뵙고 오면 어떻겠습니까?"
"네? 무슨 말씀이세요?"

대흥사에서 스님과 차담을 하다가 불쑥 나온 이야기였다. 스님과 함께 공부했던 도반스님 이야기를 하시면서 인도의 다람살라에 가서 달라이라마를 뵙고 오면 어떻겠느냐고 권했다. 그분을 뵙고 나면 새로운 삶에 대한 희망이 생기지 않을까. 막연한 생각이었다.

고민할 이유도 없었다. 절에서 이야기를 하고 난 후 바로 인도 비자를 신청하고 비행기 티켓을 끊어서 일주일 만에 인도로 향했다. 주변에서는 여자 혼자 위험한 곳에 간다며 만류했지만 아무 이야기도 귀에 들어오지 않았다. 미리 약속을 한 것도 아니고 달라이라마를 만나는 방법을 아는 것도 아니었다. 인도 여행 책 한 권을 사서 가방에 넣고 무작정 인도로 향했다.

'인연이 있으면 만날 것이고, 인연이 없으면 못 만나게 되겠지.'

정신적 삶과 죽음의 사잇길에서 헤매던 그 순간 내가 향했던 곳은 진정한 나를 만나기 위한 길이었는지도 모른다. 하지만 진정한 내 자신을 만나는 것이 두렵고 또 무서웠다.

청춘이라는 이름이 익숙했던 20대, 한 가정의 아내로 지냈던 30대. 엄마의 역할보다는 사회변화를 추구하는 활동가로서 살아왔던 20년의 삶을 돌아보니 어느 순간 앞도 뒤도 보이지 않는 깜깜한 어둠속에 갇혀버린 것 같았다.

함께 사는 삶을 꿈꿨지만 우리 모두는 외톨이 같은 혼자였다. 나는 어디로 가야 할지, 어떻게 살아가야 할지, 무엇을 보며 살아야 할지. 어떻게 사는 게 옳은 삶인지, 정답을 알 수 없었다. 그런 고민에 빠져 있을 때 비행기는 어느덧 뉴델리 공항에 도착해 있었다.

뉴델리에 도착하니 여행사 담당자가 나와서 한국인이 가장 많이 묵는 곳이라며 시장 통에 있는 숙소를 하나 추천해주었다. 낡고 조금은 시끄러운 그런 숙소였다. 숙소에 처박혀서 하루 종일 천장만 보고 있었다. 사람을 보거나 사람과 말을 섞거나 사람 냄새조차 맡는 것이 싫었다. 사람이 싫기도 했지만 바깥 세상에 나가는 것이 무섭고 두려웠다.

그러다 마침내 결심을 했다. 나는 방문 손잡이를 다섯 번이나 잡았다 놓았다 반복하다가 이를 악물고 문을 열고 세상으로 나갔다.

뉴델리 시내를 이틀 정도 돌아다녔지만 아무것도 볼 수도 느낄 수도 없었다. 버스터미널에 나가 다람살라로 가는 버스표를 끊었다. 17시간 동안 쪽잠을 자면서 달린 끝에 마침내 다람살라에 도착했다. 버스 안에서 만난 한국 사람의 도움으로 다람살라에서 숙소를 마련할 수 있었다.

업장이 녹아서 흐르는 눈물

"며칠 후에 달라이라마의 법회가 시작되는데 들어보시면 좋을 거예요."

달라이라마는 각 나라의 사람들을 위해 돌아가면서 법문을 하는데 마침 곧 싱가포르 사람들을 위한 법회가 준비되고 있다고 했다. 나는 운 좋게도 다람살라에 도착한 지 얼마 지나지 않아 열린 달라이라마의 법회에 참여할 수 있었다.

먼발치에서 달라이라마의 모습을 보는 것만으로도 온몸이 전기가 온 것처럼 찌릿찌릿했다. 법문은 해당 국가의 언어로 통역을 해주기 때문에 이어폰을 꽂고 들었다. 법회가 열리는 내내 처음부터 끝까지 울기만 했다. 사람들은 업장이 녹아내리는 것이라고 말했다.

그곳에서 우연히 대흥사 스님으로부터 전해 들었던 정천 스님을 만났다. 다른 사람이 스님의 이름을 부르는 것을 듣고 혹시나 해서 물어본 것이었다. 안 그래도 스님은 내가 눈에 띄어 유심히 보고 있었다고 했다. 내 이야기를 듣더니 바로 조언을 해주었다.

"달라이라마 친견을 꼭 한번 하고 가시지요."

20일 정도 후에 한국 팀이 오면 달라이라마가 와서 5일 간 법문을 하고 마지막에 친견을 하게 되는데, 그때 함께 친견을 하라는 것이었다. 법문을 들으면서 멀리서나마 달라이라마의 모습을 보기는 했지만, 가까이서 직접 만나는 친견은 생각도 하지 못했

다. 스님의 말씀에 마음이 흔들렸다. 고민 끝에 나는 비행기 표를 연기하고 다시 한 달여를 더 다람살라에 머물기로 했다.

매일 일어나 사원에 나가서 기도를 한 뒤 법당에 가서 108배를 드리고 달라이라마와 관련된 책을 읽으면서 21일을 보냈다.

드디어 21일이 지나고 한국 팀이 왔다. 5일 간의 법문이 끝나고 마지막으로 다음 날 친견 시간만 남겨 둔 상태였다. 하지만 나는 아무것도 모르고 친견 신청을 했다가 날벼락 같은 이야기를 들었다. 친견을 할 팀들은 이미 한국에서부터 신청을 해서 신원조회까지 다 끝난 상황이기 때문에 개인적으로는 친견을 신청하는 것이 안 된다는 것이었다. 달라이라마의 경우 정치적으로 민감한 인물이기도 해서 그만큼 경호와 보안 절차가 엄격했던 탓이다.

21일 동안 기다렸던 일들이 물거품이 된다고 생각하자 그저 눈물만 흘러내렸다. 돌아서면서도 울고 법당 앞에서도 울었다. 하도 울어서 눈이 퉁퉁 불었다. 사람들이 잘 보이지 않을 정도였다. 나를 도와주었던 한 비구니 스님은 안타까운 마음으로 나를 달랬다.

'인연이 여기까지인가 봅니다.'

믿을 수 없는 기적

어쩔 수 없었다. 한국에서 온 사람들은 친견을 하러 들어가고 나는 또 다음 인연을 기대하며 회향하는 마음으로 점심공양을 위해 발걸음을 옮겼다. 그때 기적 같은 일이 일어났다. 다람살라에서 한국어 통역을 담당하던 보살이 달려와서 뜻밖의 소식을 전해주었다.

내가 매일 법당에 와서 기도하는 모습과 친견을 하지 못해서 우는 모습을 보고 관계자 분이 어렵게 추천을 해서 친견을 할 수 있도록 조치를 취했다는 것이었다. 말도 되지 않는 일이 일어난 것이었다. 그러나 기쁨도 잠시.

"신분증 가지고 계시죠? 여권."

하필 그날따라 나는 숙소에 여권을 두고 왔던 터였다. 나는 안타까운 마음에 발만 동동 굴렀다. 기사회생한 기회를 살리지 못해서 아쉬웠지만 어쩔 수 없었다. 보는 사람들이 모두 안타까워하는 난감한 상황이었다.

그 순간 통역을 했던 두 친구가 대신 신원보증을 하겠다고 나서면서 극적으로 친견이 이루어졌다. 마치 잘 짜인 각본처럼, 운명처럼 일어날 것 같지 않았던 기적이 일어났다. 운명이라는 것이 이런 것일까.

마침내 달라이라마를 친견하는 순간이 찾아왔다. 달라이라마는 내 옆에 와서 손을 꼭 잡고 옅은 미소를 띠면서 가볍게 고개를 끄덕였다.

"그래, 내가 네 마음 다 안다."

마치 그렇게 이야기를 하는 것 같았다. 그리고는 거의 정신을 잃어버렸던 것 같다. 나중에 친견 모습을 찍은 사진을 받았는데 그 주변의 상황이나 사람들이 아무것도 기억나지 않을 정도였다. 친견을 마치고 마을로 내려와서도 한참을 울었다. 내 모습을 보고 주변 사람들이 더 기뻐해주었다. 내가 얼마나 열망했고 간절했는지 그동안 쭉 지켜보았기 때문이었다.

사람들이 평생 살아가면서 달라이라마를 한 번 만나보기도 어려운데, 나는 짧은 시간 동안 다람살라에 머물면서 세 번이나 뵙는 기회를 가졌다. 우연인지 필연인지, 인연이 있으면 만나는 것이라고 했다.

질문에 답할 수 없어서 떠난 길. 인도 그리고 다람살라. 그리고 늘 많은 사람들 속에 갇혀서 온전한 나를 만나지 못했던 시간들. 다람살라에서 보낸 짧은 순간들은 가장 힘들었지만 온전히 나만을 만날 수 있었던 가장 행복했던 시간이었다.

내가 행복하지 않으면 세상은 행복해질 수 없다는 사실, 내가 나를 끊임없이 만나는 연습을 하지 않으면 한 발도 나아갈 수 없다는 사실을 깨달았다.

지금 생각하면 얼마나 감사한 시절인지 모르겠다. 그런 날들이 있었기에 지금의 내가 존재하는 것이리라.

Chapter 2

'전다르크'
세상에 맞서다

먹고 살아야겠다

세상에 다시 설 수 있는 힘

인도에서 돌아온 후 마음은 한결 편해졌지만 그래도 세상에
나아갈 용기는 생기지 않았다. 그렇다고 그대로 살 수는 없었다.
세상에 다시 들어가야 한다고 생각했다. 피한다고 해서 피할 수
있는 일도 아니었다.

2008년 2월 미황사에 들어가서 만 배를 했다. 하루에 아홉 시
간씩 매일 천오백 배를 올렸다. 이 절을 다 하고 나면 세상에 나
갈 수 있을지도 모른다고 생각했다.

해 낸다면 내가 나갈 수 있는 힘이 있는 것이고 그렇지 못하다면 아직 준비가 덜 된 것이라고 생각했다. 그렇게 일주일 동안 만배를 하고 나서 비로소 세상에 나갈 힘을 얻을 수 있었다.

2008년 4월 여성민우회 행사가 있어서 모처럼 세상 나들이를 했다. 운동과 정치에 대한 환멸을 느끼고 세상으로부터 도망친 지 10개월 만이었다. 그동안 내 속에서는 억겁 같은 시간이 흘렀지만 세상은 조금도 변하지 않고 그대로 있었다. 오랜만에 마주친 사람들은 그저 얼마 전 정치를 한다고 나섰다가 잘 안 돼 잠시 쉬다가 나왔나 보다 정도로 생각하는 듯했다. 세상에 나왔지만 다시 운동을 해야겠다는 생각은 들지 않았다. 그저 머릿속에 맴도는 것은 단 한 가지 생각뿐이었다.

"먹고 살아야겠다."

한 줌의 재에 불과한 이력

부끄럽지만 그 즈음 나에게는 새로운 꿈이 하나 생겼다. 내가 직접 돈을 벌어서 티베트의 아이들을 도와주고 싶다는 것이었다. 어쩌면 일하기 위해 스스로 명분을 만드는 것일지도 몰랐다. 삶에 대한 의미가 없었기 때문에 사소한 것이라도 의미를 만들고 싶었다.

운동을 하면서 알고 지내던 주변 사람들에게 이력서를 보내 취직자리를 부탁했다. 투쟁현장에서는 내 나이를 훨씬 뛰어넘는 어마어마한 스펙을 갖고 있었지만 사회에 나와 보니 그런 이력은 그저 한 줌의 재에 불과했다. 사회생활에 필요한 이력 한 줄을 쓰기도 어려웠다.

평소 운동을 할 때 늘 나를 대단하다고 치켜세워주었던 선배들도 냉정하기는 마찬가지였다.

"이래서 어디에 취직하겠니…."

사회가 싫고 운동이 싫어서 시민단체의 회장 자리도 박차고 나온 나에게 작은 시민단체의 말석 실무자 자리를 소개해 주는 사람도 있었다. 자리의 크고 작음에 연연했던 것은 아니지만 한 인간에 대한 배려나 마음 씀이 없는 것을 보고는 조금 실망도 했다.

그렇다고 해서 뾰족한 방법은 없었다. 동생의 조언으로 보험회사에 취직을 했다. 그래도 우리나라에서 가장 잘 나가는 1등 보험사의 1등 영업소라는 것에 위안을 삼았다. 어쨌든 내 목표는 한 가지였다.

'먹고 살아야 한다.'

사람 공부, 마음 공부

보험영업을 무척 열심히 했다. 그 과정에서 통과의례처럼 겪어야 하는 이런 저런 실수도 많이 했다.

보험 영업을 위해 사람을 만나다 보면 사람에 대한 공부, 마음에 대한 공부도 자연스럽게 할 수 있었다. 사람이 사람을 대하는 태도에 대해서도 다시 생각하게 됐다. 평소 친하게 지내던 사람들도 만나서 보험 이야기가 나오면 자세를 고쳐 앉으며 말을 돌렸다.

폭염으로 힘들었던 여름 어느 날, 바깥 길거리에서 만나기로 했던 한 지인이 있었다. 그런데 뙤약볕에서 살이 다 타들어가도록 기다려도 오지 않아 연락을 했더니 약속한 일을 까맣게 잊고 있었다.

사람이 사람을 대하는 태도에 대해서도 배울 수 있었다. 나 역시 정말 어려울 때 손을 내민 사람들을 무심코 흘려보내지 않았는지 스스로에 대해서도 반성을 하게 됐다. 인생설계, 경제적인 부분에 대한 준비, 노후에 대한 설계를 하면서 삶을 장기적으로 준비해야 한다는 것도 많이 배웠다. 아주 적은 금액이지만 어려운 상황에도 보험을 들어주는 사람도 있었고 내가 보험영업을 한다는 소문이 나자 아예 전화를 받지 않는 사람도 있었다.

보험영업을 오랫동안 잘하고 있는 사람들에 대한 존경심도 갖게 됐다. 각계각층의 다양한 사람들을 만나다 보면 무시하는 사람도 있을 것이고 그들의 비위를 일일이 맞추기도 어려울 텐데 그 벽을 넘어서는 힘이 무엇일까 궁금했다.

같은 영업소에서 함께 영업을 했던 한 설계사는 억대 이상의 수입을 올리는 베테랑이었는데 일면식도 없는 사람을 만나서 그 사람들의 인생과 노후를 설계해 주었다. 그런 모습을 보면서 베테랑들은 고객들을 만나기 위해 어떤 준비를 하고 또 한 사람에게 진정성 있게 다가가기 위해서 무엇이 통해야 하는지 배울 수 있었다.

하지만 보험 영업은 오래지 않아 그만두었다. 잘하지도 못했고 나와 잘 맞지도 않았다. 내 인생설계, 내 경제설계도 못하는 사람이 남의 인생에 들어가서 경제적인 설계를 해준다는 것도 말이 안 되는 이야기였다.

아는 선배의 제안으로 학원에서 서무를 보는 업무로 일을 바꾸었다. 그리고 몇 달 후 내 인생을 바꾸는 터닝포인트가 생기면서 새로운 운명을 향해 다시 한번 도전에 나섰다.

노무현이라는 이름의
터닝포인트

정치를 해야겠다

그동안 살아오면서 인생의 여러 전환점이 있었다.

불교 철학을 만난 것도 달라이라마를 만난 것도 내 삶의 중요한 전환점이었다. 2009년 5월, 갑자기 들려온 믿을 수 없는 소식 하나가 내 삶을 다시 뒤흔들었다.

노무현 전 대통령께서 돌아가셨다. 노무현 대통령의 서거에 대해서 국민의 한 사람으로 너무나 슬프고 죄스러웠다. 너무나 큰 죄책감이 몰려왔다.

사람 사는 세상을 만들기 위해, 더 좋은 사회를 만들기 위해 그렇게 애쓰다 돌아가셨는데 조금도 도움이 되지 못한 것 같았다. 배운 것이 도둑질이라고 내가 할 수 있는 일은 시민사회에서 했던 것처럼 정책을 모니터링하고 새로운 정책 대안을 제시하는 일이었다. 그것이 내가 잘할 수 있는 일이고 세상을 바꾸는 데 조금이라도 기여할 수 있는 일이라고 생각했다.

하지만 시민사회로 다시 돌아가고 싶은 생각은 없었다. 이제는 앞으로 나아가야 했다. 선택은 하나밖에 없었다.

'정치를 해야겠다.'

2009년 11월 지방선거를 앞두고 광주시장 캠프에 합류하면서 정치에 뛰어들었다. 시의원 비례대표로 출마했다. 그동안 내가 시민사회에서 해왔던 일들을 좀 더 시민 가까이서 해보고 싶었다.

시의원 후보에서 구의원 후보로

2010년 3월 시의원 비례대표 후보로 민주당에 수혈되었다. 시민활동을 오래 해왔지만 정치권에서는 이름이 전혀 알려져 있지 않았기 때문에 나는 무명에 가까웠다.

　내 자신을 홍보하기 위해 개인 프로필과 살아온 길, 현재, 앞으로 어떻게 할 것인가에 대한 내용을 작은 책자로 만들어 들고 일일이 사람들을 찾아다녔다. 기존 정치인들과 사뭇 다른 행동에 놀라기도 하고 신선하다면서 좋게 평가해주는 사람도 많았다.

하지만 정치권의 벽은 높았다. 여러 복합적인 이유로 해서 시의원 경선에도 참여해보지 못하고 밀려났다.

"시의원은 어려울 것 같으니 구의원에 도전을 해보시죠."

되든 안 되든 경선을 하겠다고 버텼지만 마지막까지 버티지 못하고 당의 뜻을 따랐다. 후보등록 마감 10분을 남겨두고 결국 눈물을 머금고 시의원 후보에서 구의원 후보로 전환했다. 의정활동에 대한 위상 때문이 아니라 내가 지금까지 해온 경력으로 보면 시의회에서 내가 할 일이 더 많다고 생각했기 때문이었다.

통합민주당의 광주 북구 비례대표로 구의원 생활을 시작했다. 어쨌든 아주 작지만 정치를 향한 발걸음을 한 걸음 뗄 수 있었다.

전국 최고
여성친화도시를 만들다

광주 북구, 전국 벤치마킹 모델로 떠올라

광주 북구에서 비례대표 구의원으로 의정활동을 시작했다. 구의원으로 활동을 하면서 가장 큰 소득이 있다면 지역과 밀착된 정책들을 좀 더 세밀하게 들여다보고 주민들과 힘을 합쳐 다양한 조례들을 만들어냈다는 점이다.

광주 북구는 인구도 많지만 사회적 약자도 많고 돌봄이 필요한 사람도 많은 지역이다. 이러한 지역적인 상황을 감안해 특히 아동과 청소년, 여성 문제 등에 집중했다.

나는 오랫동안 시민사회에서 여성 문제를 다루어온 전문가라는 기반을 갖고 시민사회와 협력해서 광주 북구를 전국 최초의 여성친화도시로 만드는 데 기여하는 등 굵직한 성과를 내기도 했다. 구정질문을 통해 여성 친화적인 도시를 어떻게 만들 것인가에 대해 집중했고 광주 북구가 여성친화적인 도시라는 브랜드를 가질 수 있게 되는 데도 기여했다.

　　여성문제에 대한 제도적인 뒷받침이 원활하게 이루어질 수 있도록 구청의 조직 개편에도 적극 나섰다. 여성정책 전담부서의 위상을 강화하기 위해 구청 내 여성가족과와 여성친화정책팀으로 여성 관련 조직을 개편하도록 했다.

　　여성 친화 정책을 수립하기 위해서 여성친화도시협의회를 구성하고 분과위원회를 설치해 구민들의 뜻을 직접 반영할 수 있도록 했다. 여성 친화 정책 수립에 구민들이 직접 참여할 수 있는 구조를 만든 것도 광주 북구가 전국에서 처음이었다.

　　시민사회의 오랜 경험을 밑바탕으로 시민사회와의 협력도 강화했다. 시민단체를 러닝메이트로 삼아 함께 다양한 정책연구를 실시했고 이를 통해 지역 비전을 열어갈 수 있도록 했다. 예산감시연구모임, 지방자치연구모임 등 다양한 연구모임을 만들고 직접 참여했으며 토론회도 잇달아 개최했다.

지역 공동체를 가꾸기 위해 작은 소리에도 귀를 기울였다. 아이들을 위해 안전한 통학로를 설치하고 독서실을 마련하도록 했으며 주민 스스로 만드는 삼각산 등산로 재정비를 위한 예산도 확보했다.

'카페트' 깔고
주민과 소통

젊은 여성이라는 장점을 살려 카페트(카카오톡·페이스북·트위터)를 깔고 SNS로 주민들과 활발하

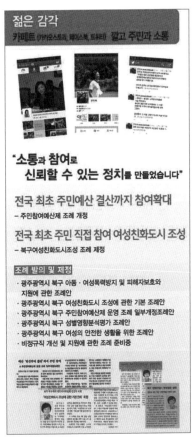

광주 북구 구의원 시절 의정보고 자료

게 소통했다. 이를 통해 주민의 직접 참여와 관련한 전국 최초의 사례들을 많이 남겼다.

주민이 예산부터 결산까지 직접 참여할 수 있도록 하는 주민참여예산제를 전국 최초로 실시한 것을 비롯, 여성친화도시 조성 역시 전국 최초로 주민들이 직접 참여해서 조례를 제정했다. 그밖에 아동, 여성폭력방지 및 피해자보호 조례안, 성별영향분석평가 조례안 등 아동과 여성에 대한 조례에 대해 특별한 관심을 가지고 활동했다.

여성과 아동, 청소년 등 불평등 세대에 대한 목소리를 대변하는 활동은 구의원을 하는 동안 내내 집중했던 문제들이다.

내 손으로
좋은 대통령을 만드는 꿈

호남 홀대론을 이겨내다

노무현 대통령을 그렇게 떠나보내고 나서 나는 그 죄책감에
정치에 입문했다. 그리고 그때부터 새로운 꿈을 하나 품었다. 그
것은 내 손으로 좋은 대통령을 꼭 만들어보고 싶다는 것이었다.

2012년 대통령 선거를 앞두고 광주 민심은 들썩거렸다. 민주
당 내에서도 김두관, 정세균, 문재인 등 여러 후보의 이름이 오르
내렸다. 2012년 대선 당시만 해도 광주에서 문재인 대통령의 인
기는 매우 낮았다. 호남 홀대론이 지역 내에 광범위하게 퍼지면

서 시민들로부터 욕도 많이 먹었다.

지역의 국회의원들도 선뜻 지지 후보를 결정하지 못하고 있었
다. 이런 상황에서 지역의 정서와 지역 국회의원의 뜻을 무시하

청와대 행정관 시절 문재인 대통령과 함께.

고 혼자서 지지 후보를 결정하는 것은 거의 있을 수 없는 일이었다. 특히 시의원이나 구의원들 같은 경우는 지역구 내의 국회의원들과 상의를 해서 그 뜻에 따라가는 것이 일반적이었다. 하지만 나는 당시 구의원의 위치에 있으면서 지역구 의원의 뜻을 따르지 않고 문재인 지지 선언을 해버렸다.

구의원의 첫 '커밍아웃'

비록 구의원이었지만 호남 지역의 공적인 조직 내에서 처음으로 문재인 후보 지지를 밝히면서 전국적으로 큰 이슈가 되기도 했다.

'다음 번에는 공천 받을 수 없겠구나. 포기하자. 그래도 내가 믿는 사람, 돕고 싶은 사람을 선택하자.'

다음 선거에 공천을 받지 못하는 일이 있더라도 개의치 않겠다는 생각이었다. 내 힘으로 좋은 대통령을 선택하고 만들어야 훗날 스스로도 자랑스럽고, 스스로 명분을 가지고 그렇게 하려면 지역의 뜻을 어겨야 한다.

덕분에 나는 대선 기간 동안 광주시 여성 구의원 중에서는 처음으로 선대위 공동대변인을 맡기도 했다. 나는 구의원을 그만두겠다는 각오로 시민사회와 함께 지지 모임을 만들어 문재인 대통령 후보와 김정숙 여사 두 분을 적극적으로 도왔다. 거의 미친 듯이 다녔던 것 같다.

지역 사회의 뜻과 다르기 때문에 정치적으로 득이 되지 않을 것이라며 말리는 사람도 있었지만 내 힘으로 좋은 대통령을 선택하고 만든다는 자부심으로 조금도 망설임이 없었다.

유쾌한 정숙 씨와 함께한 '경청투어'

2012년 나의 선택은 결국 이루어지지 않았다. 우리는 모두 크게 실망하고 고통스러워했지만 결코 좌절하지 않았다. 2016년 또 다시 기회가 찾아왔다.

2016년 대선 국면에서도 다시 한 번 문재인 대통령과 김정숙 여사를 가까이서 모실 수 있는 기회가 주어졌다. 2012년의 인연으로 시작된 김정숙 여사님과의 동행은 2016년에도 이어졌다.

늘 포근하고 유쾌한 목소리와 표정으로 사람의 말에 귀를 기울이는 여사님은 때로는 엄마 같고 때로는 언니 같고 또 때로는 불의에 맞서는 투사 같은 모습으로 다가왔다.

나는 2012년 이전 한 번도 여사님을 만난 적이 없다. 깨끗하고 청렴한 문재인 후보를 대통령으로 만들어야겠다는 생각의 끈이 여사님과 깊은 인연으로 이어졌다.

2012년과 마찬가지로 2016년에도 광주는 '문재인'을 좋아하지 않았다. 호남홀대론의 중심에 '문재인'을 두고 흔드는 사람들이 많았다.

광주에서 문재인 대선후보를 지지하는 것은 외로운 싸움과 같았다. 모두가 아니라고 할 때 왜 '문재인'이어야 하는지 설득이 필요했다.

내게 그분은 '강단과 원칙과 소신으로 할 일을 충분히 하실 수 있

2016년 대선을 앞두고 경청투어를 기획해 김정숙 여사와 광주의 민심에 귀를 기울였다.

는 분'이라고 읽혀졌다.

이번에는 여사님과 함께 경청투어라는 방식으로 광주의 민심에 귀 기울였다. 당시만 해도 광주는 반문정서가 워낙 강해 많이 어려운 상황이었다.

여사님과 1박 2일로 10개 이상의 스케줄을 만들어 분주하게 광주를 누볐다. 여사님은 광주를 알고 싶어 하고 사람들을 만나고 싶어 하셨다. 유명한 사람을 만나고 싶은 것이 아니라 평범한 젊은 사람들을 만나서 이야기를 듣고 싶은 마음이었다.

경청투어를 기획해 마을을 다니면서 젊은 사람들의 말 한 마디 한 마디를 귀 기울여 들으셨다. 한꺼번에 수십 명의 사람들을 만나서 사진 찍고 악수하는 자리가 아니라, 한 명 혹은 두세 명 정도의 젊은이들과 테이블을 앞에 두고 마주 앉아서 아무 말 없이 그들의 이야기를 들어주셨다.

4년 만에 다시 만난 '유쾌한 정숙 씨'와 함께 보통의 사람, 일상의 삶을 꾸려가는 마을 사람들을 만나기 위해 경청투어를 하다가 불쑥 나에 대한 이야기를 들려주시기도 했다.

"'광주' 하면 진숙 씨가 떠올라요. 2012년 너무도 열심히 문재인 지지운동을 하는 진숙 씨를 보면서 어쩌면 일면식도 없는 우리를 위해 저렇게 열심히 할까, 무엇이 저런 열정을 내게 할까 궁금했고 고마웠어요. 구의원 때도 시의원인 지금도 일하는 진숙 씨를 보면 남편을 많이 닮은 것 같아요"

좋은 대통령을 모시고 싶은 나의 간절함과 열정을 예쁘게 봐 주시니 감사할 따름이었다. 국민·평화 지킴이 정권, 촛불정권, 국격을 승격시켜 주신 문재인 대통령을 가까운 곳에서 모실 수 있었던 것만으로도 내 인생에 길이 남을 소중한 기억이었다.

2012년의 도전은 실패로 끝났지만 우리는 다음 도전에서 성공을 거두었다. 첫 실패가 작은 밀알이 되었을 것이라고 생각한다. 그 결과 좋은 대통령을 내 손으로 선택하고 만든다는 내 작은 소망도 이룰 수 있게 됐다.

일이 되도록 만드는 사람

시의원에 도전하다

2014년 구의원으로서 한 번의 임기를 마친 후 다시 새로운 도전을 생각했다. 4년 전 하지 못했던 시의원에 도전하기로 한 것이다. 마침 신생 정당 돌풍이 거세게 불면서 시민사회의 많은 사람들이 탈당을 권유했다. 그리고 신생 정당이 혁신적인 나의 정서와 잘 맞는다면서 당을 옮겨서 꿈을 펼쳐보라고 조언했다. 안철수의 새정치가 지역 내에서 인기가 높았다. 당을 옮기면 당선 확률도 그만큼 높아질 수 있었다. 하지만 나는 그런 조언들을 거절

하고 민주당에 남았다.

정치인이라면 신의가 있어야 한다고 생각했다. 나를 믿고 후보로 내준 당, 그리고 구의원 활동을 하는 동안 나를 믿고 지지해준 지역 주민들을 모른 척할 수 없었다.

하지만 시의원 등록 과정 역시 순탄치 않았다. 민주당 시의원으로 입후보하는 과정에서 급하게 지역구 변경 등의 변수가 발생한 것이었다. 여성전략특구가 만들어지면서 구의원을 하는 동안 내가 주로 활동해왔던 지역을 버리고 새로운 지역으로 옮겨

야 했다.

그 순간 가장 고민했던 것은 당선 가능성도 상대 후보도 아니었다. 그동안 지역 내에서 활동하면서 약속을 해왔던 지역 주민들이었다. 몇 년 동안 그들과 함께 좋은 사회를 만들어보자고 머리를 맞대고 일해 왔는데 갑자기 다른 지역으로 떠나야 하는 상황이 되어 버린 것이다.

나는 등록 마감 10분 전까지 일일이 지역 주민들에게 연락하고 만나서 양해를 구했다.

"전 의원, 다른 지역구로 가서 열심히 해주세요."

아쉽고 서운할 법도 했지만 주민들은 통 크게 나를 응원해주었다.

전국 최초, 전국 유일 조례를 만드는 의원

여성전략특구에서는 세 명의 여성 후보들과 경선을 통해 후보가 되었고 결국 시의원에 당선됐다. 같은 뜻을 가지고 있던 여성 후보들과 경쟁을 해야 한다는 것은 마치 내 살을 깎는 것과 같은 아픔이기도 했다.

이 일은 이후의 정치인생 내내 내게 큰 트라우마가 되었다. 그런 미안함 때문에 두 사람의 몫만큼 일을 더 해야 한다는 압박감도 있었다.

의정생활 4년 내내 일 중독자처럼 일했다. 시의원의 임기는 4년이었지만 남들 8년 일하듯이 했다. 하루 종일 토론, 모임 등을 7~8개씩 잡아서 강행군하고 밤늦게 집에 들어오면 자료를 보다가 녹초가 되어서 쓰러지는 날이 이어졌다.

환경복지위원장을 맡아 여성문제는 물론 기후변화, 아동 청소년, 복지 등의 분야에서 일했다. 시민사회, 공무원과 의회가 하나가 되어 토론을 하고 문제점을 찾아 개선할 수 있도록 하고 조례

2016년 한국지방자치학회로부터 받았던 우수조례상 상패.

를 만들었다.

"전진숙은 일이 되도록 만드는 사람이다."

구와 시의 의정 활동을 하면서 주변, 특히 시민사회로부터 들었던 가장 기분 좋은 평가 중 하나는 바로 이런 말이었다. 의정 활동을 하면서 많은 조례들을 만들었는데 그 가운데는 전국에서 처음 만들어진 조례가 상당히 많았다. 그런데 놀라운 것은 그 입법 활동들이 지금까지도 전국 최초이자, 전국 유일로 남아 있는 경우가 많다는 것이다.

최초라는 타이틀에 집착하거나 특별한 의미를 부여하고 싶지는 않다. 다만 최초라는 그 타이틀 뒤에는 할 수 있는 것은 다 실험하고 시행해보고자 하는 의지가 자리하고 있었다.

옳다고 판단되는 것, 시민이 원하는 것, 꼭 해야 한다고 여겨지는 것, 시대의 숙제라고 생각되는 것들과 마주할 때면 결코 피하려고 하지 않았다. 남들이 해보지 않고 도전하지 않았던 최초의 일들을 과감하게 진행할 수 있었던 것은 바로 이런 생각과 의지가 있었기 때문이다. 그러기에 무서움도 두려움도 없이 끈질김과 열정과 인내를 가지고 각 정책과 조례를 입안하고 실행했다.

정책이 종이 속에 갇혀 있기만 한다면 시민들은 그것을 아무도 알 수 없고 세상은 조금도 나아지지 않을 것이다. 정책이 시민 속으로 다가왔을 때 비로소 정책이 살아 움직이는 생명력을 갖게 되기 때문이다.

구의원과 시의원 의정생활을 하면서 하고자 하는 마음과 의지가 있다면 그것은 시간의 문제이지 결코 해결의 문제는 아니라고 늘 생각했다. 그만큼 앞서 갔고 하기 어려운 일들을 해냈다는 의미일 것이다.

또 한 가지는 조례를 만들어 놓고 끝낸 것이 아니라 그것이 실행될 수 있도록 끝까지 책임을 졌다는 사실이다. 일을 해서 성과가 나오고 끝까지 책임지는 모습에 시민사회를 비롯해서 많은 사람들이 함께 일을 해보자고 찾아왔다.

때로는 시간을 기다려주기도 하고, 때로는 시간을 끌어주기도 하면서 의원과 시민이 함께 소통해야 한다. 시민은 시민사회에서, 의원은 의회에서 각자의 역할을 하며 원하는 정책방향을 향해 포기하지 않고 뚜벅뚜벅 걸어간다면 어떤 일이든 반드시 이뤄질 것이다. 그래서 무엇인가를 새롭게 시도할 때 늘 할 수 있다는 믿음이 있었고 강한 실행 의지를 가질 수 있었다.

친환경 최우수 의원 선정

의정 활동은 외부의 좋은 평가로도 이어졌다. 2002년 장기 미집행 도시공원 해제를 앞두고 대안 마련을 위한 노력과 광주도심의 녹색 심장인 푸른길 공원을 지키기 위한 활동, 광주습지생물 다양성포럼과 세미나 주관 등의 정책 활동 등의 성과를 인정받았다.

또 온실가스 감축을 위한 녹색 식생활 실천 및 지원조례, 물순환 기본 조례 발의 등의 환경관련 조례를 제정한 공로도 인정받았다. 2016년에는 광주지속가능발전협의회 지속가능발전시민상을 수상했다.

연합뉴스

전진숙 광주시의원, 친환경 최우수 의원에 선정

기사입력 2016.11.29. 오후 3:36   기사원문   스크랩   본문듣기 · 설정

공감   댓글

(광주=연합뉴스) 여운창 기자 = 광주시의회 전진숙(북구4·환경복지위원장) 의원이 29일 한국환경정보연구센터가 주관한 '2016 전국 지방의회 친환경 최우수 의원'에 뽑혔다.

전진숙 의원은 2002년 장기 미집행 도시공원 해제에 대한 대안 마련, 광주도심 푸른길 공원 유지 활동, 광주습지생물다양성포럼 주관 등의 정책 활동을 인정받았다.

또 온실가스 감축을 위한 녹색 식생활 실천 및 지원조례, 물순환 기본 조례 등의 환경 관련 조례를 제정한 공로를 평가받았다.

매니페스토 약속대상 4년 연속 수상

한국매니페스토실천본부가 주관한 '2017 지방의원 매니페스토 약속대상' 광역의원 부문에 2014년부터 2017년까지 4년 연속 선정되는 영예도 안았다.

매니페스토 약속대상은 매니페스토본부가 매년 전국 지방의원 3,700여 명을 대상으로 지방의원의 의정활동 과정에서 나타난 매니페스토 우수사례 발굴 및 확산을 위해 추진한 것으로 매니페스토 이행에 충실한 지방의원을 엄격한 심사를 통해 선정

2014년 매니페스토 약속대상 수상 모습.

한다.

2014년 지방선거 부문, 2015년 공약이행 부문에 이어 2016년 좋은 조례 분야에서 '광주광역시 어린이·청소년 친화도시 조성 조례'가 입법의 시급성, 지역주민의 삶의 질에 대한 영향, 지역의 발전 및 경제에 대한 효과, 대안적 독창성, 목적의 적합성에서 높은 평가를 받아 선정됐다.

2016년에는 '청소년 노동인권보호 및 증진 조례'로 한국지방자치학회로부터 우수조례상을 받았다. 또한 한국환경정보연구센터로부터 친환경 최우수 의원상을 받은 것을 비롯, 물순환 기본조례 제정 등 지속가능한 녹색광주 조성을 위해 앞장선 공로를 인정받아 환경단체로부터 녹색인상과 지속가능발전 시민상을 수상했다.

2017년에도 광주시 온실가스 감축을 위한 녹색식생활 실천과 지원 조례'로 개인 부분 장려상, 김동찬, 임택 의원과 함께 공동 발의한 '광주시 청년정책 기본 조례'로 단체 부분에서 우수상을 받았다.

두 조례는 창의성뿐만 아니라 여러 차례의 간담회 및 토론회 등을 거치면서 입법과정의 투명성과 조례의 실효성을 높였다는 평가를 받았다.

이와 함께 주진했던 '광주광역시 온실가스 감축을 위한 녹색 식생활 실천 및 지원 조례'는 온실가스 감축을 위해 녹색식생활을 실천하고 지원하기 위해 광주시 및 산하기관의 급식소에서 일주일에 하루 채식하는 날을 지정·운영하도록 한 조례다.

조례 준비부터 실행까지 혼자서는 절대 할 수 없었던 일이었다. 담당 공무원부터 전문가, 단체 활동가 등 많은 분들의 도움으로 가능했던 일이다.

청와대에서
사회혁신을 추진하다

시민사회, 일하는 방식의 변화

시의원 생활 4년 동안 치열하고 열정적으로 일했다. 의정 활동 내내 좋은 평가를 받았고 상도 많이 받았기 때문에 출마하면 재선도 유력하다는 평가를 많이 받았다. 주변에서도 모두 재선 도전을 강력하게 권유했다. 하지만 너무 열심히 일을 했기 때문인지 심신이 지쳐 있었다. 불출마를 선언하고 한 발 물러섰다.

미래에 대한 고민은 그리 오래 가지 않았다. 잠시 쉬고 있는 동안 청와대에서 연락을 받고 2018년 10월 시민사회수석실 행정관으로 청와대에 입성하게 됐다.

청와대 생활은 내게 큰 영광과 기쁨의 시간이었다. 과연 내가 잘 해낼 수 있을까? 두려움과 떨림이 공존했던 시간이기도 했다. 한편으로는 '모든 답은 시민에게 있다'라는 평소의 생각을 확인하는 시간이었고 그것이 정답이라는 생각을 더욱 공고히 하게 되는 소중한 기회였다.

청와대에서는 제도개혁 비서관실 소속으로 정부혁신, 사회혁신 업무를 담당하게 됐다. 젊은 시절부터 몸담아 왔던 시민운동과 지방의회 8년의 경험에 대한 전문성을 발휘할 수 있는 기

청와대에서 문재인 대통령, 비서실 직원들과 함께 차를 마시면서 환담하는 모습.

회였다.

청와대에 있는 동안 전국의 많은 공무원과 혁신활동가들을 만났다. 국가정책과 문재인 대통령께 하고 싶은 말씀들이 많았고 이미 잘 만들어진 정책을 국민에게 잘 홍보하는 것도 무척 중요한 일이었다.

현장에서 사람들을 만나면서 국가와 지역 그리고 시민과의 간극이 존재한다는 것을 다시 한 번 피부로 느낄 수 있었다. 어떻게 국가정책이 시민들께 가까운 변화로 느껴지게 할 것인가라는 숙제 이전에 풀어야 할 과제가 있었다.

'어떻게 하면 시민과 소통, 참여 통로를 만들어 생활밀착형 정책으로 이어지게 할 것인가.'

풀뿌리에서부터 수많은 이야기들이 터져 나왔다. 가까이서 귀를 열지 않으면 안 될 일들이다. 지역이 안고 있는 문제는 결코 한 곳에 그대로 머물러 있지 않는다. 귀를 열고 듣고 눈을 크게 뜨고 보면 비슷 비슷한 문제들이다. 국회가 하고 중앙부처가 하고 청와대가 해야 할 일들이다.

청와대 생활은 시민들 속에 깊숙이 들어가야 문제의 답이 보이고, 정책이 보이고, 미래가 보임을 다시금 확인하는 시간이었다. 청와대 전체로 보면 사회혁신 수석실이 없어진 이후에 사회혁신의 비전이나 방향이 상실된 시점에 시민사회와 현장과 계속 대화하고 협력을 통해서 다시 그 방향을 만들어가야 하는 상황이었다. 정부혁신과 더불어 지방행정혁신의 가이드라인을 만들어가야 했다.

국가정책의 바로미터는 시민

사회혁신 업무란 시민운동의 시각으로 보면 운동하는 방식의 변화를 의미한다.

과거 시민운동은 이슈를 던지고 정책 대안을 제시하는 정도로 끝났지만 이제는 내 지역에서 일어나는 문제를 내 스스로 푼다는 개념으로 바뀌어 가고 있다. 그를 위해서 전국 주요 도시에 사회혁신 플랫폼을 만들고 시민단체, 공공기관, 의회가 거버넌스를 형성해 의제를 만드는 것부터 시작해서 문제를 해결하는 데까지 함께 갈 수 있는 방안을 모색했다. 어쩌면 시민운동을 하던 시절부터, 구의원, 시의원을 하면서 한결 같이 내가 일해 왔던 방식이기도 했다.

모든 국가 정책의 바로미터는 시민이다. 그리고 시민의 바로미터는 지방 행정이다. 지방 행정은 시민 중심의 사고, 시민 중심의 실행이 이루어지면서 혁신하지 않으면 정책도 구체적으로 나갈 수 없다.

그것을 어떻게 해 나갈 것인가에 대한 고민이 이제 막 시작된 것이다. 청와대 행정관으로 일하면서 문재인 대통령과 김정숙 여사를 가까이서 모실 수 있게 된 것은 기쁜 일이었지만 한편 무거운 책임감이 늘 함께했다.

전진숙은 젊은 광주다

광주다움을 이야기할 때

언젠가부터 과거가 광주를 지배하고 있다. 광주는 과거에서 벗어나지 못하고 늘 제자리걸음만 하고 있는 듯한 느낌이다. 아직도 다 풀지 못한 5.18 진실규명 문제가 중요하다. 그러나 거기에 멈춰서는 안 된다. 5.18정신이 광주정신으로 온전히 자리하기 위해서는 더 나은 미래에 대한 과감한 디자인이 필요하다.

언제부터인가 광주는 나이로 지배되는 사회, 과거의 카르텔

이 독식하는 사회, 용기와 도전이 부족한 사회가 되었다는 이야기가 있다. 광주의 주류 사회를 이끄는 정치계는 나와 같은 50대 초반의 여성을 아직도 어른으로 대하지 못하고 있다. 새로운 인물이 들어가서 새로운 정치를 하는 것이 아니라 기존의 기득권 세력들이 나이로 모든 것을 지배하고 있다. 나는 이런 것에 대해서 끊임없이 도전하고 문제 제기를 해서 돌파해야 한다고 생각한다.

광주가 더 젊어져야 한다는 절박감은 앞으로 살아갈 미래세대에게 아픈 기억만을 유산으로 남기고 싶지 않은 마음에서 비롯된 것이다. 선배로서의 책임감이면서 미래세대들에게 희망을 주고 싶다는 작은 소망의 표현이기도 하다.

광주, 5.18, 민주화의 성지는 이 시대를 살아가는 젊은이들의 정신적 가치관으로 자리 잡아 일상에서 민주주의를 구현할 수 있는 삶을 만들어 줄 것으로 기대하고 있다. 그렇지만 광주에 대한 이미지는 그것을 훨씬 뛰어넘어야 한다. 5.18정신의 밑바탕에는 공동체가 자리 잡고 있다. 5.18 현장에서 오고 가던 주먹밥, 그 주먹밥의 의미는 결코 단순하지 않다. 주먹밥을 통해서 서로가 서로를 돌보는 이상적인 사회의 모습을 엿볼 수 있다.

아이와 어르신을 포함한 사회적 약자를 마을이 돌보고, 지역이 돌보고 국가가 돌보고 여전히 여성의 영역으로만 인식되어지는 사회적 돌봄의 문제를 어떻게 풀어갈 것인가는 미래의 지역발전의 동력이 될 것이란 믿음을 떨쳐버릴 수 없다.

광주의 미래는 공동체를 어떻게 복원할 것인지에 달려 있다. 그 미래의 그림 속에 먹거리도, 일거리도 담겨 있다. 누군가 도전을 해야 한다면 내가 하는 것을 결코 머뭇거리지 않을 것이다. 시민사회의 경험, 그리고 지방의회, 청와대의 경험에 여성이라는 장점도 충분히 살릴 수 있다.

젊은 여성의 외롭고 힘든 싸움

젊음과 여성은 기회와 도전의 상징이다. 여성으로서 정치를 하면서 힘겹고 외롭다고 느낄 때가 너무나 많았다.

남성들이 열심히 일하면 성실한 것이라고 말하지만 여성이 열심히 일하면 욕심이 많다고 이야기한다. 남성이 똑 부러지는 바른 말을 하면 똑똑하다고 이야기하지만 여성들이 바른 말을 하면 말이 많다고 한다. 나는 여성에 대한 편견과 사회의 이중성에 대해서 끊임없이 외로운 싸움을 하고 있다.

여성에게 더 많은 기회를 부여하겠다는 것은 문재인 대통령의 큰 기본 원칙이다.

많은 기성 정치인들이 지역에 주소를 두고 있지만 지역을 잘 모른다. 시민들이 살아가는 현장도 잘 모른다. 여의도 정치가 시민들의 삶과 분리되어 있다. 지역에 기반을 두고 정치를 할 수 있는 사람이 필요하다. 시민사회와 지방의회, 그리고 청와대에서 일해 온 경험을 살려서 지역 주민들의 삶을 바꾸는 생활 정치를 하고 싶다. 보다 젊고 새로운 광주를 위한 도전이 필요할 때라고 생각한다.

'전다르크'의 도전은 멈추지 않는다

내 스스로 삶은 늘 도전이라고 생각해왔다. 상대가 강하다는 선입견 때문에 도전하지 못한다면 내 삶은 실패한 것이다. 그것은 결코 전진숙이 아니다. 결과는 하늘이 알지 내가 아는 것이 아니다. 다만 도전하고 열심히 싸우고 그 과정에서 내 스스로가 후회하지 않으면 된다. 그 과정이 어떻든 나는 받아들일 수 있다.

광주는 정치의 바로미터다. 광주 시민들은 언제나 위대하다.

광주 시민들은 늘 미래의 정치를 믿고 판단하고 선택할 것으로 굳게 믿고 있다.

투사 같은 나의 모습에 누군가가 내게 '전다르크'라는 별명을 붙여주었다. 여자로서는 조금 강하고 거세 보이는 이미지이기도 하지만 나는 '전다르크'라는 별명을 외면할 생각이 없다.

전진숙은
일이 되도록 만드는 사람이다.

Part **2**   다시, 시민 속으로

Chapter 1

복지

포용적
복지국가
건설을 위한
첫발

복지 서비스는 공공재다

한 발 앞선 도전

얼마 전 광주시의회 김익주 의원의 '사회복지시설 감사 조례'
가 시의회 본회의를 통과했다는 소식을 듣고 무척 기뻤다.

이 조례는 2018년 초 7대 광주시의회에서 나의 발의로 제정
이 추진되었지만 시장이 재의를 요구하는 바람에 좌절되어 개
인적으로 무척 아쉬운 마음을 갖고 있었다. 그래도 뒤늦게나마
본회의를 통과하게 된 것을 무척이나 기쁘고 다행스럽게 생각
한다.

1년 반 정도 사이에 어떤 환경이 달라졌을까? 가장 큰 변화 중 하나로는 2019년 6월 개정된 사회복지사업법을 들 수 있다. 개정된 이 법에서는 각 지방자치단체가 사회복지시설의 공공성과 투명성을 확보하기 위한 조례를 제정하도록 하고 있다. 이 조례의 제정을 반대할 명분이 사라진 것이다.

어떻게 보면 광주시는 관련법보다 한 발 앞서서 이 부분에 대해서 고민해왔다고 할 수 있다. 지금까지도 전국 지방자치단체 중에서 사회복지시설의 감사와 관련된 조례를 제정한 것은 광주시가 유일하다.

공공성 강화 위한 감시와 관리 필수

시민들이 누리는 복지 혜택 대부분은 중앙정부의 예산 지원을 통해 이루어진다. 정부에서 내려오는 복지 예산의 80~90퍼센트가 민간 복지시설을 통해서 시민들에게 전달되는 구조다. 결국 정부의 돈으로 민간이 복지 서비스를 실시한다고 했을 때 이런 서비스들은 공공재의 성격을 가질 수밖에 없다.

민간에 의해서 실행되는 복지 서비스가 시민들에게 효과적으로 전달되고 있는지 확인하기 위해서는 공공성을 강화해 나가야만 한다. 하지만 이러한 공공재적인 성격에도 불구하고 민간의 복지 서비스 기관들은 공공기관으로서의 성격보다는 영리적으로 시설을 운영하는 경우가 많다. 따라서 공공성을 먼저 생각하기보다는 시설 유지와 시설의 이익을 우선 고려할 수밖에 없다. 이를 견제하기 위한 최소한의 장치가 결국 시민적 감시와 관리이다. 7대 광주시의회 의원으로 활동하며 2018년 초 '사회복지

시설 감사에 대한 조례' 제정을 추진했던 것도 바로 관리와 감독 기능을 통해서 사회복지시설이 시민복지를 위한 부분에 집중하도록 하는 시도였다.

노인요양시설이나 보육시설 같은 경우를 예로 들어보자. 분명히 정부의 세금이 들어가지만 해당 기관이 서비스 대상자를 직접 찾아서 제공하는 민간 영리 서비스 방식으로 운영되고 있기 때문에 정부가 그 사이에 끼어들어 지도나 감독을 할 수 있는 여지가 많지 않다.

사회복지시설의 공공성이라고 하면 단순히 시설의 운영과 관련된 이야기라고 생각할지 모르지만 실제 시민들의 삶과 아주 밀접하게 연결되어 있다. 아이를 키우는 문제, 노후의 삶을 돌보는 중요한 문제를 시장의 원리, 경쟁의 원리를 통해서 풀어나가려고 하면 안 된다는 것이다.

이것은 가치의 충돌이 아니라 인권의 문제이기도 하다. 예를 들어 노인요양시설과 관련된 부분이라면 어른들에게 적당한 운동을 하도록 하는지, 과도하게 기저귀를 채우지 않는지 살펴야 한다. 보육시설이라고 하면 아이들이 먹는 음식이나 교재를 제대로 보급해서 활용하고 있는지 이런 것에 대해서 시민적 감시와 감독이 세밀하게 이루어져야 한다. 정부의 개입이 필요한 부분이기도 하다.

    사회복지의 공공성 강화는 문재인 정부가 주장하는 포용적 복지국가와도 정확하게 일치한다. 정부가 지원을 하되, 각 복지시설들이 정확한 역할을 하도록 감시하는 것에 대한 지역적 실험이고 검증이었다.

복지 서비스 향상을 위한
'민·관·정' 협치 프로세스

더 좋은 복지 서비스를 위한 3자 협치

복지 지원을 필요로 하는 곳은 넘치도록 많지만 예산은 한정되어 있다. 가용한 예산을 모두 투입한다고 해도 복지 서비스 분야에서 원하는 수요를 다 들어주거나 만족시킬 수는 없다.

시민들이 느끼는 복지 서비스의 수준을 향상시키기 위해서는 여러 가지 복지 영역 중에서 가장 시급한 것, 가장 파급 효과가 큰 것, 그리고 가장 많은 사람들이 혜택을 볼 수 있는 것을 찾아서 우선적으로 지원하는 것이 필요하다.

시민들에게 돌아가는 복지 혜택을 향상시키기 위해서는 복지 서비스를 제공하는 민간과 이를 지원하는 행정, 그리고 예산에 대한 심의권을 갖고 있는 의회 등 3자의 협치가 반드시 필요하다. 이것은 정치인으로서 개인적인 신념이기도 하다.

사회복지의 공공성을 강화하면서도 복지 서비스의 질을 높이고 각 영역의 참여자들이 모두 만족할 수 있는 복지 전달 체계를 만들기 위해서 고민했던 결과가 '광주시복지협치기본조례' 제

복지혁신 권고문 이행을 위한 민·관·정 토론회 모습.

정으로 이어졌다.

이 조례에 근거해서 지역의 복지 문제를 놓고 복지시설을 직접 운영하는 민간 사회복지시설과 행정을 담당하는 시, 그리고 의회의 민, 관, 정 3자 협의 논의 구조를 만들었다. 그리고 행정부시장, 시의회 환경복지위원장, 민간대표 등 3인의 공동위원을 포함한 20여 명의 복지협치위원회와 9개 분과에 114명의 분과위원을 위촉하면서 지금도 활동을 이어가고 있다.

민간에 우선순위 선택권을 넘겨주다

광주시의회에 있을 때 복지 부문의 문제를 해결하기 위해 가장 첫 단계로 추진했던 것이 바로 협치 프로세스 구축이었다. 이를 위한 기본 단계로 광주시 사회복지단체들과 1년에 한 번씩 대규모의 토론회를 진행했다. 토론회를 통해서 각 영역에서 무엇이 가장 시급한지 그들의 목소리로 말할 수 있도록 했고 또 직접 들을 수 있었다.

협치 프로세스를 가동하기 시작한 첫해 토론회를 통해 20여 개 복지단체 대표들을 한 자리에서 만나서 해당 영역의 어려움을 직접 들었다. 그리고 의회 차원에서 우선순위를 정해 광주시의 행정 담당자와 논의를 거쳐 예산 등의 문제를 검토해 지원이 이루어질 수 있도록 했다.

복지 단체들을 만나서 그들의 이야기를 듣는 것만으로도 많은 변화를 이끌어낼 수 있었다. 복지 단체들의 경우 자신들이 원하고 필요로 하는 주장들을 정확하게 전달할 수 있었고 그것이 실제로 예산에 반영될 수 있었기 때문이었다.

이듬해에는 이 토론회 규모를 더 키워 40여 개 복지 단체 대표들을 한 자리에서 만났다.

이번에도 각 단체들이 필요로 하는 지원 분야에 대한 내용들을 제안하도록 했지만 달라진 부분이 있었다. 이번에는 우선순위를 행정이나 의회가 결정하는 것이 아니라 민간에서 스스로 결정하도록 한 것이었다. 서로 토론을 해서 각 복지영역에서 시급한 것을 스스로 찾아내고 논의를 통해서 스스로 우선순위를 정하고자 하는 시도였다. 복지 단체들도 서로의 주장을 함께 듣다 보니 이해의 폭이 넓어졌다. 자신들이 지원을 원하는 분야보다 더 시급한 분야가 있을 때 그 분야의 지원이 먼저 이루어지도록 선뜻 양보하기도 했다.

서로 소통하기 전에는 다른 분야에 지원되는 예산에 대해서 상당히 부당하다고 생각했는데 함께 토론을 하다 보니 자신들이 너무 무리한 요구를 했다거나 훨씬 더 긴급한 곳이 있다는 사실을 스스로 깨닫게 된 것이다.

그렇게 결정된 우선순위를 가지고 민간과 행정, 의회 3자가 한 자리에 앉아서 예산의 규모를 조정하는 과정을 거쳤다. 이 과정을 통해서 민간에서 한 발 물러선 경우도 있었고 행정을 담당하는 시의 관련부서에서 한 발 더 나아가 지원의 규모를 늘리기도 했다.

복지 서비스 강화 위한 어젠다 발굴

복지 시설에 대해서 관리와 감시를 아무리 철저하게 한다고 해도 제대로 쓰는 것은 결국 그들의 몫이다. 복지 단체들이 스스로 자기 건강성을 유지하고 지켜나가는 것이 중요하다.

3년의 실험을 통해서 남은 한 가지 아쉬움이 있다면 민간 분야의 대표로 시설 종사자나 대표들이 참여하다 보니 이들이 수혜자나 전체 시민들의 입장에서 복지를 사고하는 데 한계가 있었다는 점이다. 이 때문에 시설 운영이나 시설 개선 등에 대한 요구는 많았지만 광주 시민 전체의 복지 향상을 위한 구상이나 복지

수혜자들의 복지권 강화 확대에 대한 논의가 부족했다.

남은 과제가 있다면 광주 복지를 어떻게 모든 시민들이 보편적으로 누리고, 사회적 약자의 최소한의 삶을 보장하는 구조를 만들 것인가에 대한 책임성을 높이는 것이다.

마을이 사람을 돌보는 사회

주거의 배치가 불평등을 심화시키다

우리 사회에서는 주거를 어디에 두고 있느냐에 따라 그 사람이 가난하게 사는 사람인지 평범하게 사는 사람인지가 쉽게 구분된다. 특히 공공임대주택이 많이 몰려 있는 광주 북구의 경우 이런 현상이 더욱 심하다. 이제는 저소득층에게 지속적인 주거 공급도 중요하지만 공공임대주택의 주거복지를 강화하는 것이 절대적으로 필요하다.

광주시의회 의원 시절은 물론 청와대 행정관 시절에도 주거복지를 위해서 저소득층이 살고 있는 영구임대아파트 주민들을 대상으로 무엇이 필요하고 어떻게 바꿔나갈 것인지 늘 고민하고 연구해 왔다.

정부는 공공임대주택 공급 중심으로 정책을 펼치고 있지만 사회적 약자층들이 한 곳에 모여서 사는 방식은 필연적으로 사회적 배제나 낙인에 취약한 구조이다.

프란치스코 교황이 "부의 불평등이 모든 악의 근원"이라고 말했던 것처럼 우리 사회에서 가장 심각한 사회문제 중 하나가 바로 불평등이다. 그런데 소위 저소득층을 위한 공공임대주택은 소득격차를 눈으로 확인시키고 결국은 사회적인 불평등을 낙인찍는 방식이 되고 말았다. 다시 말해 약자들이 공공임대주택이라는 틀 안에 들어가고 그 안에서 배척당하는 또 다른 차별을 받고 있는 셈이다.

현재 광주 지역사회에 다양하게 공급되어 있는 공공임대주택에 대한 주거복지를 어떻게 강화할 것인가를 고민해야 한다. 먼저 기존의 공공임대주택에 대한 사회통합의 일환으로 집이 없는 청년세대나 사회초년생, 무주택자 등 다양한 계층이 입주할 수 있도록 하여야 한다. 그리고 주민들의 처지와 조건을 충분히 반영한 케어안심주택으로의 전환이 같이 모색되어야 하고, 광주도시공사나 주택관리공단 등과 협력하여 수준 높은 주거관리가 동시에 시행되어야 한다.

공공임대주택사업은 사회적 약자들을 따로 모아서 게토(ghetto)화시키는 방식이 아니라 사회 속으로 끌어 당겨 와서 사회가 함께 돌볼 수 있는 시스템을 만들고 사회와 섞일 수 있는 방식이 돼야 한다.

지금 공공임대주택 입주민들은 국가에서 정해주는 보장 시스템에서 외톨이가 된 채 행정이 돌봐주는 방식에 의존해서 살고 있는데, 이러한 방식을 넘어서 같이 살고 있는 마을 공동체에서 이들을 돕고 협력하는 구조를 만들어야 한다.

세대 통합으로 영구임대아파트 문제 해결 나서

공공임대주택의 재생사업을 통해서 다양한 형태의 세대들이 그 속에 들어갈 수 있도록 통로를 열어주어야 한다. 나는 특히 활력이 넘치는 청년 세대들이 들어갈 수 있는 구조를 만들어내야 한다는 생각을 갖고 있고 일부 실현하고 있다.

한국토지주택공사와 함께 영구임대아파트에 들어갈 청년들을 모집한 것도 그런 취지의 일환이었다. 영구임대아파트에 장기간 공실이 발생할 경우 집이 없는 청년들에게 이 공간을 제공하고 그들이 마을 활동을 하게 하는 것이다. 청년들 입장에서는 저렴한 비용으로 주거 문제를 해결하는 한편, 마을 활동을 통해서 지역에 기여할 수 있다.

현재 한국토지주택공사와 협의를 통해 일부 지역에서 이러한 실험을 진행하고 있으며 가시적인 성과를 거두고 있다.

영구임대주택에 들어간 한 청년은 사진 찍는 취미를 갖고 있는데 주말이면 마을 노인들 영정사진을 찍어주고 있다. 이 작은 활동 하나가 기존의 임대아파트 단지에서는 볼 수 없는 활력을 주고 있다.

운동선수 생활을 했던 한 청년은 마을 아이들에게 운동을 가르쳐주고 함께 운동을 하면서 놀아주기도 한다.

여기서 한 발 더 나아가 사회적 일자리 창출로도 연계할 수 있다. 임대아파트 단지 내 상가에도 빈 가게들이 많이 있는데 이런 가게들을 이용해서 구청이 밥 카페를 열어서 운영하고 요리를 좋아하는 청년들을 고용하면 청년 일자리 문제와 저소득층 및 노인들의 급식 문제까지 해결할 수 있다.

행정적인 문제 때문에 결국 이루어지지는 못했지만 영구임대아파트 단지 내에 작은 평형을 트는 문제까지 고민한 적이 있다. 기존 12평 내외의 아파트를 24평으로 넓혀 조금 생활 여건이 좋은 사람들을 유입시키면 단지 내에 다양성을 줄 수도 있고 또 일부 공간의 경우 주민들을 위한 사랑방처럼 활용할 수 있을 것으로 봤다.

이런 시도들을 통해서 영구임대아파트의 빈집 문제를 해결하고 세대 통합도 이룰 수 있을 것이다. 거주하는 주민은 물론 집이 없는 청년들에게도 좋은 일이다.

모두가 함께 사는 공간 복지

지역에서의 사회적 돌보기라는 화두를 계속 가지고 가고 있다. 세대 통합을 통해서 영구임대아파트에 거주하는 사회적 약자들이 밖에 나올 수 있는 끈을 만들어주는 그런 것도 지역의 사회적 돌봄 중 하나다.

단순히 여러 세대가 한 공간에 사는 것이 아니라 젊은 청년이

들어가서 뭔가 이루어낼 수 있도록 청년 공간을 행정에서 열어 주는 것이 사회적 돌봄 시스템이다.

청년만이 아니라 마을 공동체 중에 여성운동을 하고 있는 활동가 등 다양한 사람들이 들어가서 그들의 삶에 변화를 줄 수 있는 일들을 함께 해 나갈 수 있을 것이다.

우리가 흔히 주거와 관련된 복지를 공간 복지라고 말하는데 이는 공존에 엄청난 작동을 한다. 그 대안 중 하나가 바로 마을 돌봄, 사회 돌봄, 혹은 국가 돌봄의 형태다. 대개 아이들 돌봄이라고 하면 부모와 학교가 돌보는 것이 대부분이지만 어떻게 하면 동네가 아이를 키우는 것이 가능할지 고민해볼 필요가 있다. 육아에 대한 문제는 국가적 돌봄이기도 하면서, 그게 곧 사회적 돌봄, 또 마을 돌봄이기도 하다.

아이들을 보육시설에 보내고 노인들을 요양시설에 보내는 것이 복지는 아니다. 사회적 돌봄만 잘 이루어진다면 요양원에 가지 않고도 거동이 거의 힘들어질 때까지 정든 집, 정든 마을에서 정든 사람과 함께 마지막을 보낼 수 있다. 이러한 마을 돌봄 시스템이 바로 내가 지향하는 사회적 돌봄의 꿈이다.

복지, 최고의 성장 동력

광주 북구, 복지의 메카로 거듭나다

광주 북구는 전체 예산 가운데 복지 관련 예산이 가장 높은 지자체 중 하나다. 이 때문에 복지를 아킬레스건, 돈을 잡아먹는 하마 이런 식으로 생각하면서 터부시하는 경향이 있었던 것도 사실이다. 하지만 이것을 뒤집어서 생각해보면 얼마든지 새로운 기회가 될 수 있다. 복지와 관련된 다양한 시도를 끊임없이 할 수 있는 아주 좋은 공간이다.

국가에서 실험할 수 있는 것을 끌어당겨서 실험하고 있는데 그런 면에서 가능성은 무궁무진하게 열려 있다. 이것을 어떻게 활용하고 만들어 가느냐에 따라서 부(富)를 만들어내는 자원이 될 수도 있다. 그런 면에서 광주 북구는 복지의 메카가 될 수 있다.

4차산업혁명과 함께 AI혁명, 정보혁명이 뒤따라 등장하고 있다. 때문에 기존의 전통적인 사업들이 모두 사양화되거나 인간의 일자리가 줄어들 수밖에 없다. 그런 분위기 속에서 마지막까지 필요한 영역을 꼽는다면 복지밖에 없다.

실제 관계성을 가지고 정서적 지원을 필수적으로 동반해야 할 복지서비스는 사람이 할 수밖에 없는 영역이다. 나는 복지서비스 영역이 광주형 일자리 모형보다도 훨씬 영향력이 큰 영역이라고 확신한다.

보다 과학적인 추계가 필요하겠지만 당장 기존의 제도를 활용해서도 북구에서 약 1,000여 개의 복지서비스 일자리를 만들 수 있다. 이것은 단순히 일자리를 만든다는 개념이 아니라 보다 많은 광주시민과 북구민의 행복한 삶을 보장하게 되는 것이다. 결국 이것이 복지일자리의 경쟁력이다. 단순히 개인이 아니라 지역사회까지도 살피는 활력이 된다.

가난한 동네에 돈이 들어가게 하라

복지가 지역 사회에 힘이 될 수 있는 근거는 얼마든지 있다. 사회적 일자리를 만들어 극빈층의 가난한 사람들을 채용해서 일을 시키고 인건비를 지급하면 그 돈이 결국 지역사회에 뿌려지는 선순환 구조가 일어난다. 복지를 위해 사용한 돈이 지역사회의 힘이 되는 것이다. 이것이 바로 공공 일자리에 집중해야 하는 이유다.

이것을 보면 기업을 통해서 일자리를 창출하는 것이 더 효율적인지 복지를 통해 일자리를 창출하는 것이 더 효율적인지 금방 알 수 있다.

국민임대아파트의 경우 이들의 관리비만으로는 주거 복지적 관리를 충족시키기 어렵다. 공공재가 필요한데 이것을 사회적 일자리를 통해 충분히 만들 수 있다. 그 기본 원칙은 가난한 동네에 돈이 들어가게 하는 것이다.

"기업에게 돈을 주는 것을 투자라고 하고 가난한 사람에게 돈을 주는 것을 비용이라고 한다."

실제로 많은 진보적인 학자들이 주장하고 있는 부분이다. 일자리를 많이 만들어야 하지만 기업에 투자해서 일자리를 늘리는 것은 어리석은 일이다. 현대적 관점에서 일자리의 핵심은 보건과 복지, 그리고 교육 등 공공 서비스의 관점이다. 과거에는 복지라고 하면 칙칙한 이미지가 많았고 주로 소비적 측면에서 접근했지만 이제는 복지가 어엿한 성장 동력이 되고 있다.

Chapter 2

환경

누구나
살고 싶은
녹색 환경도시를
꿈꾸다

녹색 식탁으로 기후변화 막는다

축산업에 대한 '불편한 진실'

"기후변화에 축산업이 미친 영향은 지금까지 복도에서 쉬쉬하면서 나눴던 이야기들이다. 이제 공개적으로 논의할 때가 됐다."

유엔에서 전문가들이 축산업을 논의하는 자리에서 나왔던 말이다. 축산업이 기후변화에 미치는 영향이 막대하지만 이 문제는 전문가들 사이에서도 쉬쉬하며 감추고 외면해왔던 불편한 진실이었다. 시의회에서 이런 의제를 갖고 제도화한다는 것은 결코 쉬운 일이 아니다.

이 노력의 결과로 나타난 것이 바로 지난 2016년 제정했던 '광주광역시 온실가스 감축을 위한 녹색식생활 실천 및 지원조례'다. 이 조례는 지구온난화와 기후변화의 원인인 온실가스 감축을 위해 녹색식생활을 실천하고 지원하자는 내용을 담고 있다. 2016년 6월 1일 공포됐다.

녹색식생활이란 식품 생산과 소비 과정에서 온실가스 배출을 억제하고, 숲과 해양 생태계 보존에 기여하며, 물 부족과 식량 위기를 예방하는 채식 위주의 지속 가능한 식생활을 말한다. 미래 식생활을 환경 정책과 연계하여 환경도 살리고 우리 몸도 살리고자 하는 식문화 운동이다.

조례의 주요 내용을 보면 광주광역시 및 산하기관의 급식소에서 일주일에 하루를 '채식하는 날'로 지정·운영하도록 하고 있다. 전국 최초로 시도되는 일이다.

채식, 건강이 아니라 환경이다

아직도 많은 사람들이 식생활과 관련된 이슈를 건강이라는 프리즘을 통해서만 바라본다. 채식 역시 마찬가지다.

"우리보고 비건(채식주의자)으로 살라는 겁니까?"

"청소년들 건강을 위해서 골고루 먹어야 하는데 왜 채식을 강요하죠?"

채식을 하는 이유에 대해서 제대로 이해하지 못하기 때문에 핵심을 벗어난 질문들이 쏟아져 나올 수밖에 없다. 이러한 문제에 대응하기 위해서 조례에는 의식변환 캠페인과 함께 구체적인 교육을 실시하도록 되어 있다.

이미 시 협력사업으로 교육을 통해 2차례에 걸쳐 녹색 식생활 강사단을 양성했고 교육 후에도 매주 워크숍을 통해 교수법을 점검하고 강사를 초청해서 배우고 교재를 개발하고 있다. 최근에는 기후변화와 채식에 관련된 보드게임도 만들었다.

광주에서 이런 작업을 한다는 사실이 알려지자 서울에서도 강사진을 양성하겠다는 그룹이 나타나고 있는데, 다른 지자체가 요청할 경우 광주시가 만든 프로그램과 교재를 나누어 줄 수도 있다. 이 일은 광주를 위해서도 하지만 근본적으로는 전국 시민 사회가 함께하는 일이다.

온실가스 감축, 자동차보다 채식이 한 수 위

2006년 유엔식량농업기구가 연간 보고서를 통해 "축산업으로 인한 온실가스가 자동차, 항공기 등 교통수단이 내놓는 양보다 40%가 많다"고 보고한 이래 육식을 줄여 온실가스를 감축하자는 운동이 전 세계적으로 확산되고 있다.

벨기에 헌트시가 2009년 5월 최초로 '채식의 날'(Veggie day)을 선언하는 등 유럽을 비롯한 세계 여러 도시들이 'Green LA' 등과 같이 이 운동에 동참하고 있으며, 2010년 유엔환경계획(UNEP)은 지구를 지키기 위해서 육류와 유제품이 없는 식사를 하도록 전 세계인에게 권장하고 있다.

몇 년 전 환경부에서 각 지자체에 2030년까지 온실가스 감축 로드맵을 만들고 그 구체적인 방법을 제시하라는 요구가 내려온 적이 있었다. 그런데 감축해야 할 양이 너무 많다 보니 각 지자체마다 큰 고민에 빠졌다. 아무리 생각해도 온실가스를 파격적으로 줄일 수 있는 아이디어가 나오지 않았기 때문이다.

한 광역시에서는 온실가스 감축량 확보를 위해 시민 전체가 참여하는 자동차 5부제 안을 로드맵에 포함시키기도 했다. 광주시의 경우 채식 조례를 근거로 시민의 30%가 주 1일 채식에 참여했을 때의 온실가스 감축량을 산정해서 로드맵에 포함시켰다.

재미있는 것은 시민 전체가 자동차 5부제에 참여해서 줄인 온실가스 감축량보다 시민의 30%가 주 1일 채식에 참여해서 줄인 온실가스 감축량이 훨씬 더 많았다는 점이다.

"채식하고 기후변화가 무슨 상관이 있느냐?" 또는 "채식 좀 한다고 온실가스를 얼마나 줄일 수 있느냐?"라는 의문 제기를 무색하게 하는 결과였다.

구체적인 실행 측면에서 보더라도 전 시민이 자동차 5부제에 참여하는 것보다 하루 채식에 참여하는 것이 실행 가능성도 훨씬 높다.

시민 전체가 자동차 5부제에 참여한다는 것은 일상생활에서 상당한 불편함을 초래할 수 있는 방법이며 실제로 어느 정도 실행될 수 있을지도 장담할 수 없다. 게다가 특정 행사 기간처럼 며칠 동안만 하는 것이 아니라 지속적으로 하려면 어려움이 많을 것이며 생업에도 큰 지장을 초래할 수밖에 없다.

반면 일주일에 하루 정도를 채식으로 한다는 것은 생각해보면 그렇게 어려운 일이 아니다. 요즘 건강 때문에도 일부러 채식을 찾아서 하는 사람들이 많은데 지구를 살리기 위해서 못 참을 정도의 불편함은 아니다. 또 생업에도 큰 영향을 받지 않으면서 할 수 있다는 것도 장점이다.

아직도 많은 사람들이 기후변화와 식생활을 제대로 연결시키지 못하고 있다. 조례 제정을 위해 광주시의 각 부서와 협의를 할 때도 이 부서, 저 부서 오가며 '핑퐁'을 해야 했다.

일반인들은 물론 행정을 담당하는 사람들까지도 식생활과 온실가스 문제의 연결 지점을 정확하게 찾아내지 못하고 혼란스러워하는 것이 사실이다.

전라남도만 하더라도 실제로 지역 내에서 축산업을 많이 하고 있기 때문에 축산업과 기후변화의 영향에 대해서 충분히 납득을 하지만 광주시와 같은 도시의 경우는 축산업을 하는 곳이 거의 없다. 하지만 지금은 한 지역이 전 세계로 연결되어 있기 때문에 살고 있는 지역에서 소를 키우지 않아도 그 영향은 다 돌아올 수밖에 없다.

녹색 식생활 실천 음식점 인증 등 인프라 확대

채식을 하고 싶어도 채식을 할 수 있는 환경을 찾기 매우 어려운 것이 현실이다. 단체 급식을 하는 학교는 물론이고 일반 식당에서도 채식 메뉴를 찾기 힘들다. 이 때문에 조례에는 채식주의자들이 먹을 수 있는 공간에 대한 인프라를 구축하는 내용도 담고 있다.

UEA 멜라카 정상회의

녹색 식생활을 실천하면서 채식을 조리·제공하는 녹색식생활 실천 음식점에 대한 인증제도 운영과 함께 녹색식생활 실천 음식점, 채식 도시락 판매점 등의 정보를 시 홈페이지 및 다양한 방법으로 홍보하여 시민들의 접근권을 보장하도록 했다. 조례에 근거해서 채식식당 지도를 만들어 나누어주었으며 앞으로 채식 식당 정보를 제공할 수 있는 앱도 만들게 될 것이다.

채식을 통한 온실가스 감축은 시민운동 차원에서도 상당히 고무적인 일이다. 그동안 기후변화 문제는 기업이나 국가가 하는 일이며 일반 시민들과는 상관이 없는 일이라는 인식이 강했는데 이에 대한 고정관념을 깰 수 있게 해주었기 때문이다.

2017 UEA 정상회의에서 'UEA 도시상' 을 수상했다.

식단을 바꾸는 방식으로 기후변화를 막고 미래 세대를 위해서 좋은 환경을 물려줄 수 있다는 시민실천 운동의 새로운 방식을 제안했다는 것에도 의미를 둘 수 있다.

조례는 말레이시아 멜라카주에서 열린 '2017 UEA(Urban Environmental Accords·도시환경협약)정상회의'에서 우수 사례로 'UEA 도시상'(UEA award)을 받았다. UEA 도시상은 협약 가입국 53개국 159개 도시 가운데 도시·환경 개선 분야에서 우수한 성과를 올린 도시의 최상위 3개 팀에게 주는 상이다.

조례를 발의했던 의원 자격으로 '온실가스 감축을 위한 녹색식생활'을 주제로 축산업과 기후변화, 식단 변화와 온실가스 감축, 온실가스 감축을 위한 녹색식생활 실천 방안 등 주요 내용을 직접 현장에서 발표하는 영예도 얻었다.

이 조례로 한국지방자치학회가 주관하는 제13회 우수조례 개인부문 장려상을 받았다. 나는 이 조례가 광주를 친환경의 모범도시로 만들어가는 데 큰 도움이 될 것으로 확신하고 있다.

물순환으로 '광프리카' 탈출한다

도시 온도를 낮추는 핵심, '물'

기후변화의 영향으로 점점 더워지고 있는 날씨 문제는 광주시라고 해서 예외는 아니다. 한여름 폭염으로 인해 '광주+아프리카'라는 의미인 '광프리카'라는 말까지 등장했을 정도다.

도시의 온도를 낮추려면 어떻게 해야 할까. 그 대책의 핵심으로 떠오른 것이 바로 '물'이다. 도시 안에 물을 품고 있으면 폭염, 열섬 효과를 낮출 수 있는 근거가 되지 않겠느냐는 문제인식에

물순환 선도도시 조성
시민포럼 (1차)

물순환 선도도시 조성사업의 성공적인 추진을 위해
시민, 단체, 전문가 등과 민·관이 협력하는 소통의 장을 마련하고자 합니다.
시민 여러분의 많은 관심과 참여를 부탁드립니다.

2018. 3. 28(수) 오후 3시
김대중컨벤션센터 209호

대상 : 광주시민, 전문가, NGO단체 활동가, 관련 정책담당자 등

15:00 ~ 15:05	개회 및 참석자 소개
15:05 ~ 15:10	인사말씀
15:10 ~ 15:35	발제1. 시민이 함께하는 물순환도시 구현 김이형 공주대학교 교수
15:35 ~ 16:00	발제2. 물순환선도도시 시범사례 권혁 한국환경공단 과장
16:00 ~ 16:30	발제3. 광주광역시 물순환관리기본계획 추진사항
16:30 ~ 17:00	전체토론(청중토론) 좌장 : 김민환 호남대학교 교수

주최/주관 광주광역시   광주광역시 지속가능발전협의회

서 출발, 광주 안에 있는 저수지, 하천, 영산강, 황룡강 등 주요 물그릇에 담긴 물을 어떻게 잘 순환시켜서 도시 안에 흐르게 할 것인가, 이것을 잘 지켜내는 방법은 무엇일까에 대한 고민이 광주시의 '물순환 기본 조례' 제정으로 이어졌다.

물순환 조례는 서울시에 이어 전국에서 두 번째다. 환경부의 물순환 기본법이 만들어지기 전이기 때문에 서울시의 조례가 표준조례로 내려왔는데, 광주시의 조례는 서울시의 조례보다 훨씬 업그레이드된 내용을 담고 있어서 거의 표준조례 같다는 평가도 받았다. 이 조례로 지방자치단체 대상, 환경도시 우수상 등을 받기도 했다.

도시의 물그릇을 키우다

비가 오면 빗물이 지표면에 스며들어 지하수와 하천을 거쳐 바다로 흘러가고 이것이 대기로 증발하여 다시 비로 내린다. 이것이 자연의 물순환 체계다. 하지만 극심한 도시화는 자연이 만들어 놓은 물순환 체계를 무너뜨리면서 환경파괴의 중요한 요인이 되고 있다.

어느 때부터인가 비가 내려도 땅 밑으로 물이 스며들지 않고 있다. 지표면을 두껍게 덮은 아스팔트 도로와 콘크리트 건물로 인해 땅으로 물이 스며들 수 없는 '불투수' 면적이 급증하고 있기 때문이다. 빗물이 자연 순환되지 못하다 보니 도시형 홍수의 위험이 커지고 지하수가 고갈되고 있으며 하천에는 물이 부족하여 수질오염과 도심 열섬현상이 심해지는 등 도시 문제가 날로 심각해지고 있는 실정이다.

물 환경 악화로 발생하는 도시 문제와 왜곡된 물 환경 개선을 위해 '광주광역시 물순환 기본 조례'에는 물순환 관리계획의 수립과 함께 저영향 개발 유도를 위한 방안, 광주광역시 물순환 위원회의 설치운영, 물순환 관리시설 인증과 설치에 관한 사항, 비점오염원 관리 및 빗물요금제 등 지역여건을 고려한 물순환 회복 촉진 정책의 시행, 물순환 회복을 위한 시설 설치와 촉진을 위해 인센티브 지원 등의 내용을 담았다.

이번 조례를 통해 심각한 도시문제를 근복적으로 해결하는 한편 도시 발전의 기본 방향과 추진체계를 세우고, 무분별한 도시개발로 인한 자연재해를 예방해 더 나은 생활환경으로 살기 좋은 광주를 만드는 역할을 할 것으로 기대하고 있다.

물순환 선도도시 조성

대도시의 경우 아스팔트, 콘크리트와 같은 불투수층이 확대되면서 빗물이 땅속으로 침투하지 못하고 표면 유출이 늘어나 도시 침수, 지하수 고갈, 하천 건천화, 수질오염 등 문제가 발생하고 있다.

도시 내에서 땅속으로 물이 잘 스며들 수 있도록 불투수 포장률을 낮추고 투수율을 높이기 위해서는 저영향개발(LID, Low Impact Development)이 이루어져야 한다. 가장 대표적인 대안이 바로 녹지공간을 많이 만드는 일이다.

저영향개발을 통한 물순환 시설들로는 빗물 정원, 식생화분, 식생 저류지 등 식생형 시설과 지붕에서 떨어지는 물을 통으로 받아 배관을 통해 땅속으로 흘려보내는 침투형 시설 등이 있다.

광주시는 지난 2016년 환경부 2016년 공모사업 '물순환 선도도시 조성사업'에 1등으로 당선되어 296억 원의 예산 지원을 받아 현재 시범사업을 추진 중에 있다. 또한 저영향개발(Low Impact Development) 기법을 적용해 빗물 침투·저류 능력을 회복시켜 도시 물순환 구조의 건전성을 높이는 사업으로 전국 5개 도시가 선정되어 시범사업을 추진 중이다.

시범사업은 시민의 접근성이 용이하고 불투수면적(91%)이 넓을 뿐만 아니라 공공기관이 밀집해 있어 사업시행이 용이한 상무지구에 우선적으로 추진키로 했다.

투수면적과 녹지공간을 확대해 강우 유출량을 줄여 홍수 피해를 줄이고, 도시경관을 개선해 이 지역을 광주시 대표 환경친화 녹색지구로 조성할 계획이다.

환경과 건축의 이해 상충을 조정하다

물은 우리 일상에서 빠지는 곳이 없는 중요한 자원이다. 행정에서도 건축과에서부터 도로과, 공원녹지과 등 건설에서부터 환경 분에 이르기까지 관여하지 않는 곳이 없을 정도로 복잡다단한 문제이기도 하다.

물순환 조례를 만드는 과정에서는 광주시 내 8개 부서가 한자리에 모여서 머리를 싸매고 토론에 토론을 거듭했다. 이 과정에서 어떤 부서의 경우 강한 규제로 작용하기도 하고 부서 간 이해가 상충하는 면도 있었다. 방법은 한 테이블에 계속 앉아서 서로 토론하며 그 접점을 맞추어 가는 수밖에 없었다.

특히 환경과 건축의 경우 이해가 상충하는 면이 커 조정이 쉽지 않았다. 물순환 조례에 따라서 건물을 짓게 되면 아무래도 기존에 없던 새로운 규제사항이 많이 생겨나기 때문이다.

지속적인 토론과 협의를 통해서 의원이 갖고 있는 의지와 권위, 그리고 당사자인 공무원의 책임감 등이 중간 지점을 잘 찾으면서 전국에서 가장 앞선 물순환 선도도시로 가는 초석을 닦을 수 있었다.

광주천이 살아야 광주가 산다

물순환을 제대로 시키는 목표 중 하나가 광주천을 살리는 것이다. 이것이 가능해지려면 복개하천을 복원하는 일이 같이 진행돼야 한다. 수량을 확보하려면 지하수의 수위가 올라와야 하는데, 그러려면 빗물이 땅으로 흐르는 물순환 시스템 주변의 습지 관리, 즉 물그릇들에 물이 가득 찰 수 있도록 관리를 잘하는 것이 필요하다.

광주천을 살려낸다는 것은 생물다양성 핵심 축인 무등산과 광주천, 영산강의 한 축을 살려낸다는 의미이기도 하다. 광주천을 살리기 위해서는 양동 복개천을 비롯해서 광주 시내에 있는

15개의 복개하천을 뜯어내고 복원해야 한다. 양동 복개천을 복원하는 것은 역대 대통령들의 공약사항이기도 했지만 20년 넘게 복원하지 못하고 있는 것이 현실이다. 광주천을 살려야 광주가 산다는 절박한 심정으로 이 문제 해결에 좀 더 집중해야 할 것이다.

카운트다운,
일몰 공원을 살려라

그린벨트보다 무서운 공원

공원일몰제 문제는 광주시뿐만 아니라 전국의 도시들이 똑같이 안고 있는 시한폭탄 같은 문제다.

1970년대 각 지역에서 도시계획을 수립하면서 대규모 공원구역을 설정하였다. 건설부의 가이드라인에 따랐고, 각 자치단체가 작성한 도시계획을 건설부가 승인하였다. 도시에 녹지가 가득한 환경을 만든다는 취지는 좋았으나, 정작 이 공원을 조성할 비용을 지방자치단체가 마련하기에는 너무 힘에 부쳤다.

정부나 지자체가 땅 주인으로부터 토지를 매입해 공원으로 조성을 해야 하는데 사유재산을 침해하면서 공원도 조성하지 않고 방치한 채 오랜 시간이 흘렀다. 이 때문에 땅 주인 입장에서는 땅을 팔지도 못하고 사용도 하지 못해 재산권을 침해당하면서 그린벨트보다 무서운 '족쇄'가 되어 왔다.

결국 이 문제는 헌법소원 심판을 통해 1999년 10월 헌법재판소의 헌법불합치 결정이 나면서 도심의 '시한폭탄'이 되어버렸다.

이어 2000년 제정된 '국토의 계획 및 이용에 관한 법률' 부칙에는 '20년간 원래 목적대로 개발되지 않는 도시계획시설은 2020년 7월 1일을 기해 도시계획시설에서 해제한다'는 규정이 추가되었다. 2020년까지 공원으로 조성되지 않으면 공원 구역에서 해제될 예정으로 있다.

민간공원 특례사업으로 돌파구 마련

광주시는 공원일몰제 시행 시 해제되는 10개의 공원을 민간공원으로 조성한다는 계획으로 민간공원 특례사업을 준비했다. 열악한 지방재정을 가지고 공원해제를 막아야 한다는 절박함에서 나온 고육지책이지만 민간공원 개발로 인한 폐해와 시민의 공익·도시공간의 관리 등 면밀한 점검이 필요한 상태다.

도시공원 및 녹지 등에 관한 법률에 명시된 '민간공원 특례사업'에 따르면 면적 5만㎡ 이상의 미조성 공원 70% 이상을 공원 조성 후 광주시에 기부채납, 나머지 30% 미만은 아파트 단지나 상가 등 비공원시설을 설치하도록 하고 있다.

현재 광주시에는 25개 미 조성 근린공원이 있으며 2020년 7월이면 모두 해제가 된다. 그중에 15개가 민간공원 특례사업으로 진행을 해야 하는데 미 조성 공원에 있는 사유지를 매입하기 위해서는 막대한 예산이 든다. 광주시의 미집행 공원 25개소를 조성하기 위해서는 2조 7천억 원(부지 매입비 1조 7천억 원)이 필요한 것으로 나타났다.

광주시의 경우도 2000년대 들어서면서부터 환경단체를 중심으로 공원일몰제에 대한 대책을 마련해야 한다는 목소리가 높았지만 뚜렷한 대책을 마련하지 못한 채 지금까지 방치되어 왔다. 문제는 이제 시간이 얼마 남지 않았다는 것이다.

토지소유자 입장에서는 개인의 재산권을 행사할 수 있게 되었지만 광주시민 전체적인 입장에서는 공원 면적의 절대 감소에 따른 시민의 삶의 질 저하를 불러올 가능성이 높아졌다. 도시공원에서 자동으로 해제되면 공동주택, 근린생활시설, 종교시설, 의료시설, 공장 등의 난개발이 가속화될 우려도 있다.

공원부지 구입 예산 획기적으로 증액

시의회 의원으로 이 문제에 대해서 발 벗고 나선 것이 2017년이다. 이 문제를 더 이상 방치할 수 없다는 생각으로 시민사회를 중심으로 민, 관, 학, 정이 머리를 맞대고 대책을 논의했다. 수시로 조찬회의를 가지며 공원 문제를 진단하고 어떻게 대응할 것인지 대책을 마련해 광주시를 압박했다.

이 문제의 핵심은 예산, 즉 돈이다. 최대한 예산을 확보해서 공원 부지를 사들이는 것이 가장 확실한 대응 방법 중 하나다. 그 전에도 토지 구입 예산이 잡혀 있긴 했지만 매년 1~2억 원 수준이어서 시늉 정도에 그쳤다. 그 정도 예산으로는 공원 모퉁이 하나도 사기 힘들다.

이 문제를 해결하기 위해서 시의회는 공원부지 매입 예산을 획기적으로 증액해 500억 원으로 책정하는 등 적극적인 예산 지원에 나섰다. 하지만 결과적으로 예산 증액 문제는 상임위를 통과했으나 예결위에서 500억 원이 50억 원으로 삭감되는 등 진통을 겪었다. 이와 함께 민간공원 특례사업이 철저하고 투명한 절차를 거쳐 이루어질 수 있도록 광주시가 행정적으로 철저한 검토를 하라고 압박했다.

다른 시도의 사례를 볼 때 미 조성 공원 부지는 공동주택 개발로 이어질 가능성이 매우 높다. 대규모 아파트가 들어설 경우 교육, 문화, 복지시설 등 사회기반시설 부족이 예견된다.

공원일몰제에 대한 도전은 여전히 미완의 과제로 남아 있다. 하지만 시민사회의 관심을 불러일으키고 구체적인 대안을 제시했다는 점에 그 의미를 부여하고 싶다. 남은 시간 동안 더 현명한 해법을 마련해야 할 듯싶다.

Chapter **3**

여성

전국 최고의
여성친화도시를
꿈꾸다

양성평등이 아니라
성평등이다

형식적 평등 아닌, 실질적 평등 요구

지방의회에 들어오기 전부터 오랫동안 시민사회에서 여성운동을 해왔기 때문에 여성문제는 의정활동 중에서 어느 분야보다도 깊은 관심을 갖고 있는 분야 중 하나다.

시의원으로서 여성문제에 대해서 관심을 갖고 다루었던 것 중 하나는 '성평등 기본 조례'의 전부 개정이다. 대부분의 지자체에서 '양성평등 기본 조례'라고 부르고 있지만 유독 광주시에서는 '성평등 기본 조례'로 차별화하고 있다. 그 이유는 두 단어 속에 담긴 성평등의 의미와 본질이 조금 다르기 때문이다.

양성평등이라는 개념 속에는 남성과 여성을 형식적으로 평등하게 대우한다는 의미가 담겨 있다. 예를 들어 남성의 숫자가 압도적으로 많은 분야에서 30퍼센트 할당제를 통해 여성에 대한 비중을 요구할 경우 반대로 여성이 집중되어 있는 직종에서는 남성에게도 똑같이 30퍼센트를 할당해주어야 한다는 형식적인 평등을 포함하고 있다.

하지만 이러한 기계적이고 형식적인 평등이 성평등을 개선하는 데 기여할 수 있다고 보지 않는다. 교사의 경우만 해도 어린이집이나 초등학교 교사의 경우 여성이 수적으로 더 많지만 고등학교, 대학교 등 고등교육과정으로 올라갈수록 남성의 비중이 높다. 이런 구조라면 여성과 남성 교사의 숫자가 전체적으로 비슷하더라도 임금이나 근로조건, 사회적 지위, 정치적 영향력 면에서는 차이를 보일 수밖에 없다.

그런 상황을 제대로 반영하지 않고 수적으로 균형을 맞추는 것은 실질적인 평등이 아니다. 실질적인 평등은 기울어진 운동장 문제, 즉 권력관계의 문제를 해소하는 것이 되어야 한다.

여성계에서는 이렇게 불균등한 권력관계를 시정하려면 여성에게 더 많은 우선조치가 필요하다고 보고 있으며 이를 통해 실질적인 평등을 이룰 수 있다고 보고 있다.

양성평등에 대한 또 한 가지 문제는 성적 소수자에 대한 배제와 차별화다. '양성'이라고 못을 박고 이야기하면 성적 소수자는 그 대상에서 자연스럽게 배재될 수밖에 없다는 문제를 안고 있다. 성평등 문제에는 당연히 성적 소수자에 대한 평등도 포함되어야 한다.

가장 진보적인 성평등 조례

여성발전기본법이 양성평등법으로 바뀌면서 지자체의 조례들도 양성평등 기본 조례로 바뀌었다. 광주시의 경우 이미 오래전에 '성평등 기본 조례'를 만들어 중앙정부보다 한발 앞선 정책 실행력을 보여주었다.

광주시의 성평등 기본 조례에는 여성 인재의 관리, 육성을 비롯한 일, 가정 양립 지원 등 여성의 사회참여를 위한 여러 시책의 실행에 관한 내용을 담고 있다.

광주는 전국 어느 도시보다 진보적인 시각에서 성평등 조례를 만들었고 그것을 여성친화도시 추진을 통해 실행해 나가고 있다.

모든 예산에 '성(性)'이 필요하다

여성 문제, 여성만의 문제가 아니다

과거 여성정책이라고 하면 여성 관련부서에서 내놓은 정책을 말했고 그 정책의 대상도 주로 여성들에게 한정되어 있었다. 하지만 여성의 문제를 여성만의 문제로 봐서는 여성에 대한 차별이나 불평등 문제를 결코 해소할 수 없다.

어떤 제도나 정책이든 성별에 따른 차별이 있어서는 안 된다는 전제 하에 이를 개선하기 위한 것이 성 주류화 정책이다. 성 주류화 정책은 한마디로 모든 제도와 정책에 있어서 성별에 따라서 어떤 영향을 미치는지를 평가하고 그 평가에 따라서 특정 성에 불이익을 주거나 차별적인 요소가 있다면 이것을 전반적으로 개선하는 것을 목표로 하고 있는 정책이다.

성 주류화 정책을 실행하기 위해서는 성별영향평가와 성인지 통계처럼 특정 성에 미치는 영향을 객관적으로 파악하기 위한 도구가 필요하다. 그리고 마지막으로 이러한 정책들이 직접 실시되려면 실질적으로 예산을 확보해서 실제 정책에 반영될 수 있도록 하는 것이 중요하며 이것이 바로 성인지 예산이다.

모든 예산에 성인지 예산 포함돼야

성인지 예산을 처음 들고 나왔을 때만 해도 지자체 공무원들의 반응은 "왜 성인 잡지를?"하는 반응이었다. 성인지(性認知)와 성인 잡지를 의미하는 성인지(成人誌)를 혼돈할 정도였다. 어처구니가 없는 해석이었지만 그때에 비하면 지금은 이해가 많이 높아진 셈이다.

성인지 예산이라고 하면 여성이나 복지 분야에 국한되어 사용되는 예산이라고 생각하기 쉽지만 분야를 막론하고 기본적으

공무원들을 대상으로 한 성인지 교육

로 모든 예산에는 성인지 예산이 포함되어야 한다. 오히려 성별 격차가 발생할 여지가 높은 건축이나 환경, 도시계획, 대중교통, 교육 등 모든 분야에서 성인지적 예산이 반영되어야 한다.

건물을 지을 때 남녀 화장실의 면적을 고려한다거나 국립대학에서 교수를 채용할 때 여성을 배려한다거나 하는 식이다. 장애인 시설이나 노인 시설을 만들 때도 장애인 여성이나 노인 여성이 차별받지 않도록 해야 한다.

사회적 약자인 여성이나 어린이, 노인과 장애인을 고려한 예산을 반영해서 공간 배치를 하면 궁극적으로 남성들도 그 수혜를 보게 된다. 여성이나 장애인에게 편한 것이 남성들에게도 편하기 때문이다.

성인지 감수성으로 보라

광주시의 경우 성인지 예산 관련 조례가 있어 모든 예산에 성인지 예산을 반영하도록 하고 있지만 실제 현장에서 적용되는 모습을 보면 아직도 매우 형식적인 수준에 머물러 있다.

성인지 예산서 작성이 실효를 거두기 위해서는 해당 업무를 담당하는 공무원들이 성인지 감수성과 성인지 마인드를 가지고 있어야 한다. 하지만 이러한 기본적인 바탕 없이 실적과 지시에 따라 마지못해 진행하다보니 형식적으로 끝나버리는 경우도 많다. 당시 지자체에 성인지 예산에 관한 근거가 마련되어 있지 않다보니 실행력이 떨어지는 면도 있었다. 전국에서 최초로 광주에서 성인지예산제의 실효성 향상 조례를 제정하게 된 직접적인 이유다.

조례 제정의 최고의 의미를 부여하자면 여성 관련 분야가 아니라 모든 부서의 사업담당자들을 컨트롤할 수 있고 실질적으로 예산을 다루는 기획조정실을 주무부서로 하고 예산위원회를 두도록 한 것이다.

처음에 위원회를 설치하려고 할 때만 해도 기획조정실의 반발이 거셌다. 의원인 나를 따라다니면서 왜 여성 문제를 우리가 해야 하느냐고 따지기도 하고 이 문제로 실랑이도 많이 했다.

그럼에도 결국 성인지 예산을 컨트롤하고 점검하고 모니터링하고 실제 집행을 할 수 있는 힘을 가진 성인지 예산 위원회를 기획실에 만들고 교육을 할 수 있는 기본적인 구조를 만들어낸 것이다.

성인지 예산이나 성평등 정책 모두 1차적인 출발점은 우리 사회의 여성에 대한 차별과 배제 그리고 억압이 존재한다는 것에

서 시작한다. 그것을 시정하기 위해서 노력을 하다 보니 여성과 관련된 제도나 정책을 바꾸는 것만으로는 이 문제를 해결할 수 없다는 결론에 이르렀다. 우리 사회 전반적인 제도나 정책이 다 바뀌어야만 여성차별 문제가 해결될 수 있다는 문제의식이 생긴 것이다.

그런 면에서 기획조정실에 위원회를 신설했다는 것은 아주 중요한 의미로 받아들일 수 있다. 여성 배제나 차별이나 억압은 여성과 관련한 특정 정책의 개선을 통해서 이뤄질 수 있는 것이 아니라 전체 제도나 정책의 개선을 통해서 이룰 수 있기 때문이다.

일·가정 양립으로 '워라밸'을 찾다

일과 생활의 균형

일과 생활의 균형 문제는 현대 사회에서 너무나 중요한 사회적 이슈다. 이를 위해 광주시에서도 '일·가정 양립지원본부 운영에 관한 조례'를 두고 이 문제 해결에 적극 나서고 있다. 하지만 특정 기관의 운영에 관한 조례 정도로는 한계가 있어서 지원본부 운영뿐만 아니라 일·생활의 균형을 위한 포괄적인 내용을 담아 조례의 전면 개정 작업이 요구되었다.

그런 면에서 일·가정 양립본부의 운영은 일하는 여성뿐만 아니라 광주 지역사회의 모든 시민들이 일·생활 균형을 누릴 수 있도록 하는 출발점이 됐다.

일·가정 양립지원본부는 원래 여성의 권익향상과 취업을 지원하던 광주여성발전센터였다. 7대 하반기 환경복지위원장을 맡으면서 이전과 다른 기능이 요구되고 있던 광주여성발전센터 기능을 고도화하기 위한 연구 용역과 전문가들의 의견을 수렴해 전국 최초로 일·가정 양립지원본부로 명칭과 기능을 완전히 바꾸었다.

광주여성발전센터는 말 그대로 여성의 발전을 지원하는 기관이었다. 센터 내에 수영장을 비롯, 에어로빅 등 다양한 운동을 배울 수 있는 시설들을 갖추고 있으며 꽃꽂이나 그림그리기 등 여성들의 취미활동을 지원하는 프로그램도 운영을 했다.

하지만 아쉬운 점도 있었다. 어떻게 보면 지역 내에서 여성들을 위한 유일한 공간이라고도 할 수 있는데 그 공간이 실질적으로 성평등한 도시를 만드는 데 기여를 할 수 있는 공간은 아니었다는 점 때문이다.

취미활동 넘어 일하는 여성 위한 공간으로

백화점 문화센터에서 하듯이 여성을 위한 취미활동을 하는 수준 이상을 크게 뛰어넘지 못했다.

나는 이 공간이 실질적으로 성평등에 기여할 수 있는 기능과 역할을 할 수 있었으면 좋겠다는 문제의식에서 출발해서 새로운 역할을 부여하기 위해 고민했다.

마침 일·가정 양립지원법이 제정되고 남녀고용평등과 일·가정의 양립이 중요한 영역으로 부상하면서 이 공간을 일·가정양립지원본부로 바꿀 수 있도록 했다. 여성들을 포함해서 광주시민들이 직장생활과 가정생활을 병행하면서 삶의 여유도 찾으면서 저녁이 있는 삶을 만들어갈 수 있는 도시를 만들어 가는데 작은 도움이라도 됐으면 하는 바람이다.

일 가정 양립지원본부에는 직장맘지원센터와 여성새로일하기지원센터, 1366 여성 성폭력, 성매매 신고 전화 등의 조직이 포함되어 있다.

여성새로일하기지원센터는 여성들의 취업, 특히 경력단절여성의 재취업 지원 서비스를 제공하고 있다. 직장맘지원센터는 직장을 다니는 엄마들의 고충에 대해서 상담해주고 필요하면 지원 서비스를 제공해주며 법률상담, 육아상담 등도 지원해주고 있다.

꽃꽂이나 에어로빅 위주로 되어 있던 프로그램을 일 가정 양립이라는 관점에서 필요한 프로그램들을 바꾸면서 광주 지역의 일하는 여성들을 위한 공간으로 거듭나고 있다.

Chapter **4**

아동·청소년

미래 세대를 위한
특별한 배려

아이들을 위해 할 수 있는 일

아동·청소년들을 위한 네 가지 권리

광주시의회 활동을 하면서 청소년 문제에 관심을 갖게 된 근본적인 계기는 2015년 발생했던 세월호 사고다. 아무 잘못도 없는 아이들이 그렇게 많이 죽어가는 것을 보고 어른으로서 무거운 책임감을 느꼈고, 아이들을 위해 의정활동으로 내가 뒷받침할 수 있는 일이 있다면 무엇이라도 하고 싶었다.

아이들이 밝고 긍정적으로 자랄 수 있고 위험으로부터 안전한 사회를 만들어가는 것이 중요하다는 생각을 심각하게 했다.

무엇을 할 수 있을까 하는 고민 끝에 아이들이 네 가지 권리를 행사할 수 있도록 만들어야겠다고 결정했다.

첫째, 학습할 권리다.

학습은 주로 학교에서 이루어지기 때문에 학교 밖에서 관여할 부분은 아니지만 학교 밖에서 할 수 있는 여러 형태의 배움도 있다. 학습할 권리는 학교 밖 배움까지를 포함하는 권리를 말한다.

둘째, 놀 권리다.

학교에서 제대로 놀지 못하는 아이들이 학교 밖에서라도 다양한 형태의 문화를 접할 수 있는 공간을 만들어주고, 그곳에서 맘껏 놀 수 있도록 하겠다는 것이다. 청소년 문화의 집, 카페 같은 공간뿐만 아니라 아이들을 위한 시민 참여형 공원을 만들었던 것도 그런 이유다.

셋째, 정치에 참여할 권리다.

아이들이 정치적으로 이야기하고 학습할 수 있는 권리를 확보하겠다는 것이다. 그중 하나가 어린이·청소년 의회다. 어린이·청소년 의회를 통해서 정당이 무엇을 하는 곳인지, 스스로의 권리를 어떻게 표현할 수 있는지, 의사결정은 어떻게 하는 것인지 배울 수 있도록 했다. 또 만들어진 정책을 실제로 입안해서 실행하기 위해서는 예산이 있어야 하는데 이것을 실제로 체험해볼 수 있도록 청소년 참여 예산도 만들었다.

넷째, 일할 권리다.

청소년의 일할 권리에 대해서는 논란이 있었다. 특성화 고등학교 학생들처럼 일찍 직업적으로 일을 하게 되는 경우도 있지만 그냥 자기의 용돈 벌이 정도의 알바 수준을 넘어서 생계유지를 위해 일하는 청소년들도 상당히 많기 때문이다.

청소년들이 일할 권리를 찾는 과정에서 일터에서 일어날 수 있는 폭력 등에 대해서도 관심을 갖고 안전한 공간에서 일을 할 수 있도록 했다.

선언을 넘어 실행까지

착한 척만 하는 선언적 조례를 넘어서

청소년도 한 사람의 시민이다. 교육, 의료, 노동 등 청소년이 필요로 하는 영역은 성인과 거의 비슷하지만 성인에 더해 청소년만의 감수성이 필요하다.

흔히 청소년을 미래세대라고 부르는데 그 중요한 미래세대를 위한 노동이나 인권 등에 대해서는 우리 사회의 특별한 지원이나 배려를 거의 찾아볼 수 없는 지경이다. 지원과 배려가 필요하다는 것에 대해서는 동의하지만 현실적으로 정책에 반영하기 어렵다는 게 주된 이유였다.

광주시의회에 들어와서 보니 광주시 역시 지역의 청소년 노동인권을 대해서 지원하거나 보살피는 곳은 전혀 없었다. 그 벽을 넘어서 청소년의 노동과 인권에 대해서 배려할 수 있는 방법을 찾아보자는 시도가 조례 제정으로 이어졌다.

당시 청소년 노동인권보호와 관련된 조례는 전국에서 단 한 곳 김포시에만 있었다. 그마저도 선언적 의미에 그쳤다는 한계를 갖고 있었다. 헌법이나 노동관계법에 나와 있는 것을 조례 차원에서 한 번 더 언급하는 상징적인 의미가 강했고, 구체적인 실행력을 가진 것은 아니었다.

구체적인 실행 수단이 없는 조례는 그저 착한 척만 하는 조례에 불과하다. 보호하자고 하는 선언으로만 끝날 뿐 실효성이 있는 뒷받침이 없기 때문이다. 광주시는 여기서 한발 더 나아가 구체적인 실행이 가능한 조례를 이끌어냈다.

실행력 갖춘 전국 유일한 청소년 노동인권조례

시민단체와 협력을 통해서 조례 제정을 위한 모임을 만들고 수많은 토론을 진행했다. 구체적인 실행력을 포함시키기 위한 고

청소년 노동인권 보호 및 증진 조례안 공청회

민은 '청소년 노동인권 보호 및 증진'이라는 조례의 이름에서도
잘 드러난다. '보호'로 끝나지 않고 '증진'이라는 용어 하나를 더
넣기 위해서 치열하게 토론을 거듭했다. 단어 하나의 차이는 수
동적으로 보호하고 마느냐, 아니면 증진을 위해서 적극적인 노력
을 경주하느냐의 차이였다.

조례를 만들면서 막판까지 고민했던 한 가지는 청소년 노동
인권센터 설립 내용을 포함시키느냐 마느냐에 대한 것이었다. 이
미 운영되고 있는 근로자노동센터에 청소년 알바지킴이라고 하
는 비정규직 지킴이 활동이 있기 때문에 이것을 조금 확대해서

청소년 노동인권 센터 개소식

운영하자는 의견과 청소년을 위한 센터를 별도로 만들어서 운영
하자는 의견이 팽팽하게 맞섰다.

센터를 설립하려면 시의 예산이 투입돼야 하는데 당시 광주
시에 각종 센터가 너무 많아 여론 조성이 어려웠다. 또한 지역에
서 위탁민간센터를 만드는 것에 대해서 상당히 민감한 상황이
었다. 위탁사업이 늘어나면서 행정안전위원회가 민간위탁사업
에 대해서 검수를 하고 승인을 받는 복잡한 과정들이 생겨났기
때문이다.

이 조례를 통해서 국내에서는 최초로 청소년들의 노동인권
을 보호할 수 있는 '광주광역시 청소년 노동인권센터'의 설립 근
거가 마련됐다.

그동안 대부분 시선은 성인 노동자에게만 몰려 있었다. 청소년은 성인 노동자의 부속처럼 취급돼 그 안에서 뭉뚱그려져 있었다. 그런 분위기 속에서 청소년 노동인권에 대한 별도의 조례를 만들고 실행력을 갖춘 센터를 만든 사실은 지역은 물론 전국적으로도 큰 화제가 되었다.

지금도 각 시도에서 광주시의 조례를 보고 벤치마킹하려는 시도가 계속 이어지고 있다. 하지만 청소년 노동인권센터를 직접 운영할 수 있도록 실행력을 포함시킨 곳은 거의 없다.

청소년의 눈으로 문제를 보다

청소년 노동환경 최하위에서 최상위로

노동부는 1년에 두 번 정도 정기근로환경실태조사를 실시하는데 그 결과를 보면 거의 대부분의 사업장에서 노동관계법을 위반하고 있는 것으로 나타난다. 법이 있으나 없는 것이나 마찬가지다. 그런 상황 속에서 청소년들에게 실효적인 지원을 할 수 있는 체계를 만들었다는 것도 의미가 있다.

청소년노동인권센터가 운영되면서 그동안 시민단체 수준에서는 엄두도 내지 못하던 일들을 할 수 있게 됐다. 노무사를 고용해서 상담을 할 수 있게 됐고 정기적으로 청소년 노동에 대한 실태조사를 실시, 청소년 노동과 인권 현황에 대해서 좀 더 정확히 파악할 수 있게 됐다.

당장 일터에서 어려움을 겪고 있는 청소년들의 권리구제는 물론 교육과 홍보도 할 수 있게 됐으며 이를 통해 또 다른 꿈을 꿀 수 있는 토대를 마련했다.

조례가 생기기 전까지 광주는 청소년들의 임금 수준부터 노동환경에 이르기까지 몽땅 전국 최하위 수준이었다. 위험한 일도 많이 하고 권리문제도 숱하게 발생했다. 하지만 창립된 지 4~5년 만에 전국 최고 수준으로 올라올 정도로 놀라운 성과를 거두었다.

과거에는 청소년들이 일을 하다가 부당한 일을 당해도 도움을 청할 데가 없었다. 일하고 임금을 제대로 못 받아도 경찰서를 가기도 두렵고 노동부를 가는 것도 어려운 일이었다.

관련 기관에 가더라도 청소년들의 입장에서 문제를 바라보지 않기 때문에 아이들이 더 큰 상처를 입게 되는 경우도 많다. 그런 문제가 생기면 참거나 그만두는 것이 선택할 수 있는 방법이었다.

하지만 지금은 일을 하다가 부당한 경우를 당하면 자신을 도와줄 곳이 있다는 것을 많은 청소년들이 알고 든든해하고 있다.

누구나 언젠간 노동자가 된다

청소년의 노동인권문제라고 하면 자신은 상관없는 일이라고 생각하는 청소년들도 있다. 청소년 노동인권은 일찌감치 아르바이트를 하거나 취업에 나서는 특성화고 학생들에게만 해당되는 것은 아니다.

청소년 입장에서 현재 일을 하고 있느냐 아니냐보다 더 중요한 사실은 청소년들은 미래의 노동자라는 점이다. 누구나 언젠가는 모두 노동자가 된다.

학교에서 국, 영, 수를 열심히 배우고 졸업하지만 가장 중요한 노동에 대한 교육을 받지 못했다면 정작 필요한 알맹이를 빼놓고 사회로 나오게 되는 셈이다.

노동, 삶을 배워가는 과정

일하면서 성장한다

학교를 그만둔 청소년들을 대상으로 욕구 조사를 하면 첫 번째는 항상 아르바이트이다. 그 다음이 여행, 검정고시 이런 순으로 나타난다. 청소년들은 아르바이트를 하고 싶어 하지만 안전하게 일할 수 있는 양질의 아르바이트 자리는 극히 드물다.

학생들 스스로가 생활 관리가 잘 되지 않아 오래 일할 수 없는 경우도 있긴 하지만 청소년들이 아르바이트를 하는 곳 자체가 대부분 단순하고 위험하면서 아주 값싼 일자리들이다.

유럽의 경우만 해도 15세 이상의 청소년들은 일을 하면서 성장한다. 작은 아르바이트 일자리가 성장을 위한 좋은 경험의 도구가 되는 것이다. 하지만 우리는 그런 사회적 풍토가 아니라는 점이 무척 아쉽다.

처음에는 좋은 사장님을 찾아서 연결하는 방식으로 청소년들에게 좋은 일자리를 찾아주려고 시도했으나 여기서 한 발 더 나아가 청소년들이 스스로 자신의 작업장을 직접 만드는 것까지 진전됐다. 목공 작업장을 시작으로 미용, 네일 등 청소년들이 관심 분야의 기술을 배우면서 성장할 수 있도록 했다.

좋은 일자리란 삶을 함께 고민해주는 곳

좋은 일자리란 양질의 노동력을 갖다가 쓰는 곳만을 의미하지는 않는다. 청소년 노동에 대한 정당한 대가를 지불해주고 생활의 문제까지 함께 고민하고 배려해주는 것이 필요하다. 이런 고민이 결국 청소년 작업장으로 이어졌다.

청소년 노동인권까지 포함할 것이냐, 아니면 문제가 생겼을 때 구제활동을 하고 문제를 일으킨 사업장을 고발조치하는 데까지만 갈 것이냐, 아니면 아이들에게 좋은 사업장을 만들어주는 데까지 갈 것이냐에 대한 고민도 많았다.

문제 사업장이나 길거리 노동으로 인권이 유린되고 있는 아이들에 대한 보호 문제도 있지만 생존을 위한 노동이든 단순한 아르바이트건 간에 청소년들이 좋은 사업장을 통해서 좋은 경험을 쌓고, 안전한 환경에서 일할 수 있는 것이 필요하다는 생각으로 청소년 작업장 설치를 조례에 포함시켰다.

노동은 단순히 돈을 버는 행위만이 아니라 가장 진지하게 삶을 배워가는 과정이다. 그렇기 때문에 성인 시민들의 적극 지원이 필요하다.

광주시민으로서 생애 첫 노동을 하는 청소년들이 노동을 통해 임금을 받는 단순한 수준을 넘어 진지한 자세로 삶을 배워가는 과정을 지지해주고 싶다.

노동을 넘어 인권으로

조금 불편해도 괜찮아

지역 청소년들은 왜곡된 교육으로 인해 노동에 대한 인식이 매우 잘못되어 있었다. 노동에 귀함과 천함이 있는 것으로 알고 있었다. 돈을 많이 못 버는 직업이나 힘든 일은 천하게 여겼다. 하지만 교육을 받은 뒤에는 선호하는 직업이 있을 뿐 귀한 일, 천한 일이 따로 있다는 인식은 많이 하지 않게 됐다. 교육을 통해서 의식이 달라진 것이다.

교육의 효과는 현장에서 바로 나타났다. 한 고등학교의 경우 파업으로 인해 급식실 운영이 차질을 빚게 된 적이 있었다. 보통 이런 경우라면 학생들의 극심한 반발을 예상하는 것이 일반적이고 실제로 과거에 그런 일들이 많았다.

하지만 노동 관련 교육을 받은 뒤 확연하게 달라진 학생들의 모습을 보고 일선 교사들조차 깜짝 놀랄 정도였다. 학생들은 급식교사들의 파업에 대해서 "우리는 조금 불편해도 괜찮아요" 하면서 급식교사들의 파업은 정당한 것이니까 해도 된다며 든든히 지원해주었다. 자신들이 급식에 불편을 겪으면서도 노동자의 인권에 대한 의식을 갖고 행동한 것이다.

변화는 학교 안에서 그치지 않았다. 학교 밖에서 버스나 지하철의 파업을 겪게 되면 예전에는 그 이유도 알려고 하지 않은 채 짜증부터 내는 게 보통이었는데 이제는 그런 불편을 감수할 수 있을 정도로 학생들은 몰라보게 성장한 모습을 보였다.

선생님 호칭 돌려드리기 프로젝트

또한 아이들이 주도해서 급식실에서 일하시는 조리사 선생님께 적절한 호칭을 돌려드리자는 프로젝트도 진행했다. 아이들이 막 부르는 이모나 아줌마가 아니라 이 분들도 엄연한 선생님이라는 인식으로 본래의 호칭을 돌려드리게 된 것이다.

예전에는 주방에서 땀 흘리며 일하는 선생님들의 모습을 보면서도 존중하는 마음은 크지 않았다. 착한 사람으로 인정받기 위해서 함부로 하면 안 된다는 도덕적인 마음은 있었지만 마음속으로 직업의 귀천에 대한 인식은 여전했다.

하지만 노동교육의 효과로 단순히 좋은 노동조건뿐만 아니라 한 사람의 노동자로서 인권이 중요하다는 핵심을 꿰뚫은 것이다. 과거에는 노동 문제에 대해서만 생각했다면 지금은 모든 인간은 존엄하다는 인권의 개념까지 포함해 인간으로서 존엄한 노동을 할 권리를 함께 생각할 수 있게 됐다.

노동인권 교육 강사단을 꾸리고 교과서를 만들어서 내년부터는 일주일에 한 시간씩 정식 교육과정으로 실시해 나갈 계획이라고 알고 있다. 과거 의정활동을 하면서 뿌렸던 작은 씨앗들이 발아해 꽃으로 피어나는 모습을 보면 조금은 가슴 뿌듯한 기분을 갖게 되는 것도 사실이다.

전환학년제에 대한 미련

의정활동을 하면서 이루지 못했던 일들에 대한 아쉬움도 있다. 대표적인 것이 전환학년제의 도입이다. 광주뿐만 아니라 전국적으로 고등학교를 중도에 포기하고 그만두는 학생들이 많다. 아이들은 무엇을 하고 어떻게 살아가야 할지에 대한 생각이나 기준이 뚜렷하지 않아서 방황하는 경우도 많다.

유럽 연수를 갔을 때 독일에서 직접 봤던 전환학년제가 좋은 대안이 될 수 있다는 생각을 했다. 1년 과정으로 자신이 해보고 싶은 공부를 선택해서 자신의 꿈을 시험해보는 과정이다. 독일이나 덴마크의 경우 이런 과정을 정규 학제로 인정하고 있기 때문에 학교를 그만두지 않고도 얼마든지 다른 길을 찾아볼 수 있는 장이 열려 있다.

하지만 안타깝게도 우리나라 청소년들의 경우 다른 선택의 기회가 없기 때문에 현재의 길에서 적응하지 못하면 부적응자가 되거나 낙오자가 되기 쉽다.

자신의 의견을
자유롭게 말할 권리

전국 최초 유일 어린이청소년의회 운영

광주는 민주주의의 본산답게 전국 최초이자 유일하게 '어린이청소년의회'를 운영하고 있다. 이것은 7대 광주시의회 의정활동을 통해서 만들어진 '어린이 청소년 친화도시 조성에 관한 조례'를 기반으로 운영되고 있다.

노동인권, 여가, 문화 등 청소년들의 관심사에 따라 7개 정당이 활동하고 있으며 정당명부제로 정당에 투표해서 비례대표를 선발하는 방식으로 의원을 선출하고 있다. 두드림당, 올리고당,

어린이청소년 친화도시 조성방안 토론

여기청소년있당 등 청소년들만의 톡톡 튀는 감성이 잘 드러나는 정당들로 구성되어 있다.

조례에 따른 어린이·청소년의회란 어린이·청소년에게 영향을 미치는 모든 정책과 활동에 대해 어린이·청소년이 자신의 의견을 자유롭게 표현할 수 있는 제도적 장치이다. 어린이·청소년 관련 정책에 대한 자문·심의, 어린이·청소년과 관련된 정책·예산 수립 등에 참여하거나 의견을 수렴하는 것이 의회의 주기능이다.

청소년의 눈으로 청소년 문제를 풀다

그동안 상정됐던 안건을 보면 학교폭력 예방 및 대책활동 지원에 관한 조례 개정안, 광주광역시 어린이·청소년 친화도시 조성 조례 개정안, 예체능계열 입시 프로그램 개설에 관한 조례 신설안, 불법촬영범죄 예방 및 처벌에 대한 조례 신설안, 광주광역

'광주 청소년 노동인권 보호 조례' 제정

전진숙 광주시의원 발의

청소년 노동자들의 권리보호를 위한 '청소년 노동인권 보호 및 증진 조례'가 전국에서 최초로 제정돼 관심이다.

전진숙 의원(사진)이 발의한 '광주시 청소년 노동인권 보호 및 증진 조례안'이 상임위를 거쳐 10일 열리는 제241회 임시회 2차 본회의에 상정될 예정이다.

전 의원은 "전단지 배포, 야식배달 종업원 등 청소년 노동은 이제 일상이 됐지만, 많은 청소년들이 노동과정에서 노동인권을 침해당하면서도 법으로부터 보호받을 권리가 있다는 것조차 알지 못하고 있어 안타까웠다"고 말했다.

이어 "이러한 현실에서 청소년 노동 인권을 보호하고 증진시키기 위한 방안 마련을 위해 광주시, 광주교육청, 광주청소년노동인권네트워크, 비정규직지원센터,

학교밖청소년지원센터, 청소년직업체험센터 관계자 분들과 간담회와 토론회를 통해 이번 조례를 준비했다"고 조례 발의 취지를 밝혔다.

실제로 중·고 재학생의 27.4%, 학교 밖 청소년 62%가 아르바이트를 경험한 것으로 조사됐지만 현장의 경험을 통해 몸으로 배우는 청소년들의 노동인권 침해는 심각한 것으로 나타났다.

광주시가 지난해 10월부터 12월까지 광주비정규직지원센터를 통해 실시한 청년·청소년 노동권리 침해 실태 조사 결과를 보면 16.9%가 임금체불을, 32.7%가 아르바이트 도중 다쳐본 경험이 있으며, 고용주나 손님에 의한 폭력 또한 11.3%, 22.9%에 이르고 있다.

장승기 기자 issue9899@

시 학생 교통비 지원에 관한 조례 신설안, 광주광역시 청소년증 통합에 관한 제안 등이 있었다. 또 효율적인 광주 대표 축제 운영, 성별 맞춤 화장실 청소 및 대안 마련에 대한 자유발언도 있었다.

어른들의 시각에서 볼 수 있는 큰 주제들도 있었지만 화장실 청소를 성별 맞춤으로 하자는 자유발언처럼 청소년들의 시각에서만 볼 수 있는 재미있는 제안들도 등장했다.

청소년의회에서 만들어진 '여성 청소년 생리대 무상보급 조례'의 경우 시의회에서 받아서 안건을 올렸으나 기존 사업과 일부 충돌한다는 이유로 보류되었던 것은 아쉬움으로 남아 있다.

Chapter 5

시민사회 플랫폼

문제 해결을 위한
새로운 '협업'

시민 주도로
사회문제 해결 나선다

정부 중심 문제 해결 방식의 변화

지역의 현안이 되는 크고 작은 문제들이 있다. 쓰레기 처리와 소각장 문제, 임대주택, 보육, 요양 등의 다양한 문제들을 과거에는 정부 중심으로 해결하려고 했다.

시민사회가 문제를 제기하면 정부가 그것을 검토한 다음 행정을 통해서 예산을 내려 해결하는 방식이다. 하지만 지역의 문제가 점점 더 복잡하고 다양해지면서 정부 중심의 문제 해결 방식이 한계에 봉착하고 있다.

시민들이 주도적으로 나서서 협업을 통해 이런 다양한 문제를 해결하고자 하는 시도가 바로 시민사회 플랫폼이다.

시의회의 의정활동을 마치고 청와대 제도개혁비서관실 사회혁신 업무를 담당하는 행정관으로 1년 남짓 일하게 됐는데, 이 기간 동안 주로 담당해왔던 업무가 바로 사회혁신 플랫폼과 관련된 일들이다.

시민사회의 전문성으로 문제에 접근하다

기존 '광화문 1번가'와 같은 청원 플랫폼은 시민이 문제를 제기하면 정부가 그것을 해결해주는 방식이었다. 반면 사회혁신 플랫폼은 시민사회가 문제를 해결할 테니 협업을 하자는 개념이다.

청원 플랫폼의 경우 시민 입장에서 보면 많은 것을 청원했지만 실제로 수용되거나 집행된 것은 많지 않다. 그 이유는 명확하다. 청원을 받아놓고 보니 정부가 가진 전문성이나 자원이 부족해서 손을 댈 수 없는 것이다.

굵직한 국가적인 의제를 주로 담당하는 정부 입장에서 마을 구석구석에서 벌어지는 복잡다단한 일들을 해결하고 그 대안을 찾아낸다는 것은 불가능에 가깝다는 것을 깨닫게 된 것이다.

시민들의 요구는 계속 늘어나고 복잡해지는데 그것을 해결할 수 있는 정부의 역량이나 공공의 실력은 계속 떨어지고 있다. 반면 시민사회의 전문성은 계속 커지고 있다.

지역에 뿌리를 두고 있는 지역 시민사회의 전문성과 자원을 연결해서 사회문제 해결의 가능성을 높이려는 시도가 바로 사회혁신이다.

현재 사회혁신은 행정안전부 프로젝트로 진행 중인데 광주, 대구, 대전 등 3개 광역시, 충북, 강원, 경남 등 6개 지역에서 프로젝트를 진행 중이며 내년에 4개를 추가 총 10개 지역에서 사회혁신 플랫폼을 시험할 계획이다.

시민사회의 새로운 운동 방식

협업의 새로운 패러다임

정부가 내세우고 있는 사회혁신이라고 하는 개념은 시민사회 입장에서 보면 운동 방식의 변화로 받아들일 수 있다.

그동안 시민사회는 두 가지 축으로 발전해왔다. 한 축은 과거 80~90년대와 같은 재야운동이고 또 다른 축은 제도화라는 이름으로 프로젝트 위탁사업을 통해 관을 대신해서 사업을 진행하는 형태였다. 어떤 형태이든 기본적인 것은 어젠다를 중심으로 한 캠페인 방식의 운동이라는 점에는 큰 변화가 없었다.

시민운동도 변화를 가져야 하는 시점에 와 있다. 커다란 어젠다를 던져서 변화를 이끌어내는 캠페인성 운동이 아니라 스스로 지역에서 해결해야 할 문제를 작든 크든 찾아내고 구체적인 해결 방법을 찾아서 마무리까지 해나가는 방식이다. 다시 말해 지역의 문제를 스스로 찾아내고 직접 해결해보고 대안까지 마련하는 것이다.

지역의 문제를 누구랑 할 것인가 찾는 것이 협업이다. 과거

시민사회의 협업 대상이라고 하면 마을 주민들이나 행정, 의회 정도를 말했는데 지금은 이 협업의 범위가 크게 확대되어 사회적 기업, 공공기관까지 포함하는 보다 큰 영역의 협업으로 발전했다.

광주를 예로 들어보면 한전, 농어촌공사 등 나주혁신도시에 내려와 있는 16개 공기업들이 협업의 대상이 될 수 있고 그밖에 도시철도공사, 환경컨벤션센터 등 시 산하의 공기업들도 여기에 포함된다.

이 책의 앞부분 복지에서 언급했었던 영구임대아파트의 빈집 문제와 낙후된 이미지 등의 문제를 새로운 청년의 유입을 통해서 해결하려고 했던 것도 한국토지주택공사와 시민, 행정이 머리를 맞대고 해법을 찾아가는 사회혁신의 새로운 패러다임을 보여주는 사례라고 할 수 있다.

문제는 시민사회가 그동안 문제제기나 청원 중심으로 문제를 봐왔기 때문에 직접 문제를 해결해본 경험이 많지 않다는 점이다. 왜 안 하느냐고 지적은 많이 했지만 스스로 뭘 해본 적은 별로 없다. 시민사회 입장에서도 어렵지만 변화의 출발점에 선 상태다.

사회 혁신에 대한 작은 '실험'

사회혁신 플랫폼은 일종의 실험, 리빙랩(Living Lab)이다. 우리가 살아가는 삶의 현장 곳곳을 실험실로 삼아 다양한 실험을 해보는 것이다. 시민도 그렇고 정부도 마찬가지 생각일 것이다.

이 일이 왜 시작됐는지 생각해보는 것이 필요하다. 사회혁신 플랫폼을 통해서 해결하려고 하는 문제들은 기존의 방식으로는 해결할 수 없는 문제들이다. 쓰레기 문제만 해도 그렇다. 모든 해당 주체들이 해결할 수 없다고 포기한 난제 중의 난제다. 하지만 포기한다고 해서 끝나는 일도 아니고 포기할 수 있는 일도 아니다. 누군가는 해결을 해야 하는 문제다.

그것을 협업이라는 방식을 통해서 리빙랩이라는 실험으로 풀어보겠다는 것이다. 모두가 필요하다고 말하지만 모두가 마음속에서 포기하고 있는 것, 그런 문제들이 시민사회 플랫폼의 주요 실험 대상이 될 것이다. 아무도 해결하지 못했던 일들을 또 다른 방법으로 해결하기 위해 도전하는 것이다. 끊임없는 시도와 실험을 통해 그 답을 찾아갈 수 있을 것이다.

모든 국가 정책의 바로미터는 시민이다. 그리고 시민의 바로미터는 지방 행정이다. 지방 행정이 얼마나 시민과 소통하고 시민과 같이하려고 하느냐에 따라서 우리가 생각하고 있는 사회혁신이 가능할 수도 있고 가능하지 않을 수도 있다.

그런 측면에서 전체 혁신이라고 하는 것이 시민 중심의 사고, 시민 중심의 정책과 실행이 이루어지지 않으면 구체적으로 나아갈 수 없다. 시민이 중요한 이유가 바로 그것이다. 시민사회는 늘 준비가 되어 있다.

■ 제7대 광주시의회 의원을 만나다

서민·여성 '대변'… 거침없는 '전진'

전진숙 의원

전진숙 의원에게 있어 첫 눈은 '가슴 아픈 추억'이다.

매년 한 차례 어김없이 찾아오는 '첫 눈'은 만남과 약속, 그리고 기다림, 즉 '사랑'의 매개체다. 이 때문에 많은 사람들이 설레는 마음으로 첫 눈을 손꼽아 기다린다.

하지만 전 의원은 첫 눈이 반갑지 않다. 어린 시절의 아픔이 새록새록 떠오르기 때문이다.

소리 없이 하늘에서 내리는 첫 눈에 모든 사람들이 즐거워하고 행복해할 때 그는 눈물을 흘려야만 했다.

시장 귀퉁이에서 차가운 얼음물에 손을 담그며 생선을 손질해야 하는 노점상의 어머니 때문이었다.

특히 한겨울 차가운 눈은 어머니의 손을 더욱 굳게 했고, 장애에도 직접적인 영향을 미치기 때문에 눈이 지독스럽게 싫었다.

그는 여름도 달갑지 않았다. 여름이면 날이 커면 얼굴에 휴면진을 뽁뽁 뿜어내시면서 집안으로 들어오던 아버지 때문이다.

목수 일을 하시던 아버지가 한 여름 뙤약볕에서 구슬땀을 흘리며 가족을 위해 고생하는 모습에 늘 죄송했다.

이 당시 전 의원은 고등학교 3학년이었고, 5남매들 둔 부모님은 늘 학교 납부금 때문에 고민을 했다.

책 살 돈이 없어 친구 책을 빌려 공부하면서도 당당히 대학 입학시험 합격증을 받아오던 날, 아버지는 밤새 하염없이 애잔은 통장만 바라보셨다.

대학 합격이 차라리 죄송한 그는 고개 숙인 부모님의 빗모습에 울음을 삼켜야했다.

징직했던 삶의 결과는 등록금조차 버거웠던 '가난'으로 이어졌다.

'이렇게 징직하면서 열심히 사는데, 왜 서민들의 삶은 나아지지 않는 것일까…' 그는 매번 이런 생각을 하며 '사회의 구조가 뭔가 잘못돼 있다'는 것을 느꼈다.

이처럼 전 의원은 고달픈 서민의 삶을 살면서 소박한 '서민의 딸'로 성장해 왔다.

어려운 가정환경 속에서도 대학에 진학한 그는 전공으로 화학을 선택했다.

하지만 4년 동안 '화학' 대신 인간생활의 가장 기초적인 학문인 '사회과학'을 스스로 전공으로 선택하며, 삶의 가치와 미래를 그렸다.

전 의원을 '사회과학'에 눈을 돌리게 된 것은 3학년 당시(1987년) 군사정권에 맞서 전국적으로 폭발했던 6월 민주항쟁이 직접적인 계기가 됐다.

'정의롭지 못한 국가에 저항하는 것', '정의롭지 못한 사회를 바꾸는 것', '정의롭지 못한 생활을 변화시키는 것', 이것이 전 의원의 '삶의 화표'가 된 것이다.

스물여섯, 갓 결혼한 새대의 전 의원은 자신이 스스로 정한 '삶의 약속'을 지키기 위해 여

한국매니페스토실천본부의 '2014 매니페스토 약속대상'에서 지방선거부문 최우수상을 수상한 전진숙 광주시의원. 그는 '시민의원'으로, 시민의 페이스메이커(pacemaker)가 되었다고 포부를 밝히고 있다.

'어린 시절 가난' 딛고 '시민 페이스메이커'로
여성·장애인 권익보호… 시민사회활동 주력
의정활동 키워드…'사람·공동체·생활정치'

성운동을 선택했다.

그는 '민주주의'와 '여성'을 중심으로 두고 1995년 만들었던 광주여회의를 2000년 광주 여성민우회로 전환시키면서 생활 속의 차별을 극복하고 자연과 인간이 조화로운 사회, 참여하는 여성의 아름다움을 공유했다.

이후 15년 동안의 여성운동은 21세기 첫 화두였던 남성과 함께하는 '여성운동'으로 진화돼 시민생활소비자센터, 광주문화중심도시협의회, 지역문화클럽호남대, 6·15남북공동선언, 시민단체협의회 등 시민단체 활동으로 이어졌다.

시민사회운동을 하면서도 그는 늘 '광주의 가치와 정신을 세워 광주의 미래를 열어가야 하는 일은, 더 이상 남의 일이 아니라 바로 내 자신이 가져야 하는 '책무'라는 것을 잊지 않았다.

시민사회운동가로 다양한 보폭을 넓혀가고 있던 그는 2006년 노무현 대통령의 서거까지 접하고 좌절과 절망에 빠졌다.

하지만 울고 앉아 있을 수만은 없었다. 더 큰 정의와 민주주의를 지키고 싶었다.

그는 이듬해인 2010년 지방선거에 나가기로 마음을 먹었다. 20년의 민주화운동과 여성운동의 경험으로 어린이, 청소년, 여성, 장애인 등 힘없고 소외받는 이들의 대변인이 되기 위한 것이다.

그의 다양한 경력은 헛되지 않았다. 지방선거에서 6대 북구의원(비례대표)으로 당당히 인정을 받은 것이다.

전 의원은 처음과 같이 일관되는 의정활동

을 펼치기 위해 노력했다.

그는 특히 4년 동안 '마을의 디자이너'로 동네를 뛰어다녔고, 늘 연구하고 정책적 대안을 찾는데 주력했다.

북구청 비정규직의 문제를 해결하기 위해 동료의원들과 함께 '비정규직'에 관한 연구모임'을 만들고 '비정규직 권리보호 및 지원 조례'를 제정해 '인권'이 존중되고 평등한 사회를 지향하는데 일조했다.

또 전국 최고 수준의 여성친화도시 조성을 위해 5명의 여성의원과 함께 힘을 모아 광주를 전국 최초 광역단위 여성친화도시로 지정하게 하는 마중물 역할을 하기도 했다.

이 같은 그의 노력에 지역 주민들은 통 큰 화답을 했다. 바로 지난 6·4 지방선거에서 광주시의원으로 뽑아준 것이다.

전 의원은 늘 '시민의원'으로, 시민의 페이스메이커가 되겠다고 포부를 밝히고 있다.

전 의원은 "광주의 가치와 정신을 통해 광주의 미래를 열어가고 행복한 광주, 희망의 광주를 위해 첫발을 내딛고자 한다"며 "사람, 공동체, 그리고 생활정치를 의정활동의 키 워드가 될 것"이라고 강조했다.

그는 이어 "사람중심의 가치에 투자하는 광주를 만들고, 지역과 동네를 중심으로 경제와 일자리, 사회적 커뮤니티, 공동체가 활성화돼 노력하겠다"며 "맑고 열정과 정직함으로 시민사회단체에서 일하며 쌓아온 지식과 의회경험을 바탕으로 초심으로 돌아가 다시 뛰겠다"고 의지를 다졌다.

장승기 기자 issue9999

언니 하고 싶은 대로 다 해

- 동생 항심이가 -

<82년생 김지영>을 보고 오는 길이야. 김지영이 '지는 해를 바라보면 심장이 내려앉는다'라는 말을 하잖아? 꼭 20년 전에 내가 느낀 감정과 똑같아서 내 심장이 덩달아 쿵, 내려앉았지 뭐야.

내게도 그런 시간이 지나갔었지.

친구들이 다 뜯어말렸는데, 남편 따라 광주라는 낯선 곳에 와서 아이까지 덜컥 낳았지. 20대의 빛나는 꿈을 꾸던 아이가 갑자기 결혼이라는 걸 하고는, 어울리지도 않는 품새로 아이를 업고 베란다에 서 있으면 왜 해는 꼭 그때 지는지 몰라. 해가 산 뒤로 넘어가는 것을 보고 있으면 어찌나 쓸쓸하던지 눈물이 찔끔찔끔 나곤 했었어. 내 삶도 저렇게 아기를 업은 채 저물어 버리면 어쩌나, 내 삶이 이대로 아이 키우는 엄마로만 이어지면 어쩌나 하는 두려움이 밀려오면 마음이 막 바빠지곤 했었지.

그때 내가 한 일은 사람을 찾아보는 거였어. 여성민우회로 전화를 걸었지. 내 전화를 받은 사람이 바로 진숙이 언니였어. 기억나지? '나는 여성주의를 공부한 사람이고, 결혼해서 광주에 온 사람인데, 같은 언어를 쓰는 사람이 그리워서 전화했다'라고 말하는 나를 언니는 너무도 씩씩한 목소리로 안아주었잖아. 반갑다고, 전화 너무 잘했다고, 언니네에게도 힘이 된다고 말이야.

내 이름을 찾기 위해, 의미 있는 삶을 펼쳐 나가기 위해 무엇을 할까 막막해하고 있을 때, 언니는 내게 새로운 세계로 들어가는 문을 열어 준, 첫 사람이었어. 그렇게 시작해서 우리가 만나 온 지, 20년이 넘었네. 참 오래 만났다. 그치?

우리 사이에 쌓인 시간이 그만큼이나 되는데, 언니는 내게 여전히 어려운 사람이야. 살갑게 안부를 묻고, 가끔 만나 수다를 떨고, 손잡고 산책하는 그런 사이는 아니잖아? 그러니 '가까이 하기엔 너무 먼 당신' 정도의 거리가 우리 사이에 놓여있는 거지.

그런데 난 언니가 딱 이 정도 거리에 서 있어서 더 좋기도 해. 어느 날 고개 들어 앞을 보니 너무나 당당하고 똑바른 걸음걸이로 걷는 언니가 보이더라고. 그 뒷모습을 보는 것만으로도 힘이 막 솟아났거든. 내게 언니는 정확하게 그런 사람이야. 다정하게 곁을 내주는 언니의 모습이 아니라 여성단체 대표로 치열하게 활동하거나, 의정 활동에 온 마음을 바쳐 일하는 모습으로 내 앞에 서 있는 게 훨씬 더 보기 좋은 그런 언니. 똑바른 걸음걸이로 없는 길도 만들어 나가고 있는 언니의 모습이 내가 만나고 싶은 미래의 내 모습인 것 같아서 너무 기쁘단 말이지.

　더 큼직큼직한 걸음으로 나아가면 좋겠어. 언니 스타일대로 앞뒤 재지 않고 모든 존재가 존중받을 수 있는 사회를 만들기 위한 큰 걸음을 먼저 내딛어주길 바라. 자기 목소리를 내지 못하는 사회적 약자를 위한 입이 되어주길, 위축된 여성들의 삶을 활짝 피워줄 뜨끈한 입김을 불어 넣어주길 바라는 마음이야.

동생들에게 필요한 것은 새로운 가능성을 보여주는 일이라 생각해. 언니가 동생들 앞에서 다른 삶을 사는 모습을 보여주는 것, 여성들의 삶에 힘찬 깃발 하나 꽂아주는 것으로 응원해준다면 동생들은 자신의 삶을 춤을 추듯 살아가게 되겠지. 그러니 언니의 똑바른 걸음걸이는, 앞서 걷는 큰 걸음은 동생들에게는 용기가 되는 거야. 우린 언니의 단단한 뒷모습을 보면서 꿈을 꿀 거야. 그리고 미래를 구체적으로 상상하게 되겠지. '저렇게 용감하게 걸어가면 되겠구나. 저 걸음을 따라가면 우리도 도착하고 싶은 미래에 가 있게 되겠구나' 하고 말이야.

언니가 하고 싶은 거 다 해, 동생들이 뒤에서 지켜보고 있을게. 머뭇거리지 말고 하던 대로 큰 꿈을 꾸길 바라. 꿈을 꾸는 일에 한계를 두지 않았으면 좋겠어. 바람처럼 언니의 소식을 듣기를 원해. 국회의원이 되었다던가, 장관이 되었다던가, 페미니스트 정당을 만들었다던가 하는 유쾌발랄한 소식이 자주 흘러나왔으면 좋겠어. '밥 잘 사주는 언니'는 다른 사람이 해도 돼. 언니는 적당한 거리 앞에서 꼿꼿한 등만 보여주면 되는 거야. 언니의 뒷배에 우리가 있다는 걸 믿고 그냥 하던 대로만 해. 우리는 언니가 그렇게 하는 것만으로도 충분하게 좋으니까 말이야.

– 김항심(인소울연구소 대표)